美迪电商系列

新媒体平台运营实战

从入门到精通

林华安　张盈　陆焰　陈惠银　编著

人民邮电出版社
北京

图书在版编目（CIP）数据

新媒体平台运营实战从入门到精通 / 林华安等编著
. -- 北京 : 人民邮电出版社，2019.6（2023.8重印）
ISBN 978-7-115-20378-6

Ⅰ. ①新… Ⅱ. ①林… Ⅲ. ①网络营销 Ⅳ.
①F713.365.2

中国版本图书馆CIP数据核字(2019)第049781号

内 容 提 要

本书以项目制的形式全方位剖析新媒体平台运营方法与技巧。首先，介绍新媒体运营行业未来的发展趋势以及运营人必备的职业技能；其次，解析新媒体文案写作方法，指导读者快速提高写作能力；最后，解读不同新媒体平台的运营推广方法，全书涉及平台众多，包括头条号、新浪微博、百家号、知乎、阿里创作平台等。

本书结构清晰，内容精炼，适合从事企业营销和新媒体营销的人员使用，可作为院校市场营销类、企业管理类、商务贸易类专业的课程教材。

◆ 编　　著　林华安　张　盈　陆　焰　陈惠银
　责任编辑　恭竟平
　责任印制　周昇亮

◆ 人民邮电出版社出版发行　　北京市丰台区成寿寺路 11 号
　邮编　100164　　电子邮件　315@ptpress.com.cn
　网址　http://www.ptpress.com.cn
　北京虎彩文化传播有限公司印刷

◆ 开本：700×1000　1/16
　印张：13.5　　　　2019 年 6 月第 1 版
　字数：220 千字　　2023 年 8 月北京第12次印刷

定价：59.80 元

读者服务热线：(010)81055296　印装质量热线：(010)81055316
反盗版热线：(010)81055315
广告经营许可证：京东市监广登字 20170147 号

前言

Preface

随着互联网发展的不断深入，结合图、文、声、像技术的网络媒体已经深深渗透我们生活的方方面面。为了不断适应社会技术进步和生产方式变革，强化技术教育和技术创新在高职教育中的分量和作用，本书以真实工作岗位项目为原创载体，按照工作主线设计符合教育特色和人才培养规格的能力目标，构建阶梯式知识模块，不断挖掘教材知识结构与学生原有知识、技能和经验等之间的联系，充分发挥学生的特长、潜能和创造力，帮助学生对当前学习内容所反映的对象的性质、规律以及该事物与其他对象之间的内在联系达到较深刻的理解，贯彻落实现代学徒制的精神。

本书的特色与创新之处

1. **图书内容以就业为导向，根据相关岗位招聘要求展开。**图书内容结合真实岗位招聘要求，分模块、分技能点进行编写，注重模块之间内容的横向连贯，同时与相关课程的内容保持纵向衔接。

2. **模块任务与项目运行相匹配，突出职业技能的综合性。**从整体优化和以应用为目的的角度出发，经过专业调查与职业岗位分析、职业能力的分析与分解、图书内容的设置等一系列过程，确定模块任务的操作技能和要点，确定理论知识学习的深度和广度，培养综合性的岗位能力。

3. **图书内容与教学素材包配套。**依据本书内容开发的 PPT 课件，便于教师在课堂上向学生展示，同时每个项目布置了课堂实训要求，理论实操双结合，帮助学生更好地理解每一个知识点。

本书内容

本书内容以项目式的方式撰写，主要分为七大项目。

项目一重点介绍了新媒体的概念、发展历程、营销趋势、新媒体运营人才所具备的技能，以及新媒体从业人员所需注意的事项，引导读者全面认识新媒体，并了解新媒体运营的学习方向。

项目二重点介绍了新媒体文案的写作流程，包括写作框架流程化、内容栏目规划、文章选题构思，以及文案写作素材库建设，使读者具备写作规划与写作素材快速搜集获取的能力。

项目三重点介绍了今日头条平台运营与推广，包括平台规则解读、账号注册与资料设置、后台主要功能详解、文章编写技巧解读，以及平台更多账号功能权限开通，使读者深入具体地了解新媒体平台运营推广。

项目四重点介绍了新浪微博运营中用户属性分析、微博账号注册与资料设置、主页装修技巧、内容规划与编辑、微博营销推广实战和付费推广方法，使读者能够认识、熟悉和玩转微博营销。

项目五重点介绍了百家号平台规则、账号注册资料设置、后台主要功能详解，侧重讲解了百家号新手期转正、内容阅读量提高、关键词挖掘与搜狐号平台运营，使读者能够将文章进行多渠道分成。

项目六重点介绍了知乎营销的案例、账号注册与资料设置、后台主要功能详解，侧重讲解了优质问题寻找、答案编辑技巧与答案排名优化，使读者能够玩转问答营销，通过知乎进行产品推广引流和企业口碑打造。

项目七重点介绍了阿里创作平台规则、账号注册与资料设置、后台主要功能详解、平台新手任务、平台粉丝运营、账号等级提升和平台变现方式，使读者能够熟悉阿里创作平台，并通过平台获取收益。

本书由美迪电商教育林华安老师、广东科贸职业学院商贸系张盈老师、广州科技贸易职业学院陆焰老师、美迪电商教育陈惠银老师共同完成，其编写过程得到了广州美迪教育科技有限公司等单位领导和专家的大力支持。由于时间仓促，本书有疏漏之处在所难免，欢迎读者批评指正。

目录
Contents

1 Chapter 新媒体运营方向定位……1

任务一　新媒体营销发展历程与方向……3
一、什么是新媒体……3
二、新媒体营销的发展历程……4
三、新媒体营销的发展趋势……5

任务二　新媒体运营人才应具备的技能……6
一、新媒体平台与新媒体运营工具的使用与操作……7
二、内容运营……7
三、用户运营……8
四、活动运营……8
五、数据分析……9

任务三　新媒体运营的注意事项……10
一、相关法律法规解读……10
二、广告法解读……11

2 Chapter 新媒体文案写作……13

任务一　标准化内容制作流程……15

任务二　新媒体内容栏目规划 17
一、以用户为导向规划栏目 18
二、以产品为导向规划栏目 18

任务三　新媒体文案选题与构思 19
一、灵感式选题 19
二、竞品分析式选题 20
三、资讯参考式选题 21
四、文章构思 22

任务四　新媒体文案写作素材搜集 23
一、选择网页浏览器 23
二、素材库分类 24
三、PGC（专业产生内容）网站搜集 24
四、OGC（职业产生内容）网站搜集 30
五、UGC（用户产生内容）网站搜集 32
六、常用的工具网站 35

3 Chapter　今日头条号运营 39

任务一　今日头条平台规则介绍 41
一、个性化推荐机制介绍 41
二、了解头条号文章发布的流程 42
三、关键词机制 44
四、推荐机制 45

任务二　头条号注册与资料设置 45
一、账号注册流程 45
二、账号资料修改 47

任务三　今日头条后台主要功能讲解 48

一、头条号后台主界面 48

二、内容管理 48

三、评论管理 49

四、内容分析 50

任务四　今日头条文章编写技巧 51

一、内容的发布形式 51

二、内容优化技巧 52

任务五　头条号更多账号功能权限开通 53

一、自营广告 54

二、头条广告 56

三、商品 58

四、原创标签 60

五、自定义菜单栏 62

4 Chapter　新浪微博运营 65

任务一　微博运营意义与发展趋势 67

一、微博发展趋势 67

二、微博用户属性分析 68

任务二　微博账号注册与资料设置 70

一、注册微博账号 71

二、微博资料设置 75

任务三　微博装修技巧 79

一、友情链接设置 79

二、焦点图设置 80

三、封面图和背景图设置 81

任务四 微博内容规划与编辑 83

一、微博内容发布 84

二、微博内容的更新频率与时间分布 86

三、内容的编辑技巧 87

任务五 微博营销推广实战 96

一、直播 96

二、短视频 97

三、热门话题 98

四、有奖活动 99

任务六 微博营销付费广告投放与优化 103

一、微博付费推广渠道与付费方式 103

二、付费广告投放账号开通 106

三、广告投放流程 107

5 Chapter 百家号运营 111

任务一 百家号平台介绍 113

一、审核机制 113

二、什么内容不能通过审核 113

三、新闻信息规范 115

四、平台使用规范 115

五、内容查重 116

六、推荐机制 116

任务二 百家号账号注册与资料设置 117

任务三 百家号后台主要功能讲解 122

任务四 百家号运营实战 129

一、新手期转正 129

二、提高内容阅读量 131

三、搜狐号 139

6 Chapter 知乎运营 141

任务一 知乎营销案例介绍 143

一、知乎概况 143

二、知乎 +QQ 音乐 144

任务二 知乎账号注册与资料设置 146

一、注册知乎 147

二、设置账号资料 148

任务三 知乎主要功能讲解 151

一、写文章 151

二、回答 153

三、知乎专栏 155

任务四 知乎运营实战 158

一、寻找优质问题 159

二、答案的编辑技巧 162

三、答案排名 165

7 Chapter 阿里创作平台（原淘宝达人）运营 169

任务一 熟悉阿里创作平台规则 171

一、阿里创作平台概况 171

二、阿里创作平台分发渠道 172

任务二　阿里创作平台账号注册与资料设置 175

一、阿里创作平台账号注册 175

二、资料设置 179

任务三　阿里创作平台后台主要功能讲解 180

一、内容创作 180

二、创意中心 186

三、频道投稿 187

四、活动投稿 189

五、粉丝自运营 190

任务四　阿里创作平台新手任务 192

任务五　阿里创作平台粉丝运营 193

一、通过内容发布来获取粉丝 193

二、通过社交平台来获取粉丝 193

三、提高粉丝的活跃度 194

任务六　阿里创作平台账号等级提升 196

一、账号等级划分 197

二、账号等级申请流程 197

三、账号等级权益 198

四、账号等级的提升 199

任务七　阿里创作平台的变现方式 201

一、阿里 V 任务 201

二、淘宝客 CPS 分成收入 203

三、动态推广奖励 204

Chapter 1 新媒体运营方向定位

项目综述

小林是一名在校大学生，在校期间接触了微信公众号与微博，发现自己对于这块很感兴趣，想毕业后从事新媒体方面的工作，但自己并不是学这个专业的，于是他找到了学校新媒体营销专业的李老师，请教了相关问题：新媒体运营的发展历程与发展方向是什么？从事新媒体运营需要哪些技能？企业招聘新媒体运营人员有哪些要求？李老师为他逐一做了解答。

项目目标

通过本模块的学习，应达到的具体目标如下：

知识目标

- 了解新媒体营销的发展历程
- 掌握新媒体营销的发展趋势
- 掌握新媒体运营的学习方向
- 了解企业招聘新媒体运营人员的要求

技能目标

- 能够清晰介绍什么是新媒体营销
- 能够把握未来发展机遇
- 学会针对企业招聘要求制定学习方向

项目任务

任务一　新媒体营销发展历程与方向

任务二　新媒体运营人才应具备的技能

任务三　新媒体运营的注意事项

任务一 新媒体营销发展历程与方向

情境导入

小林虽然想从事与新媒体营销相关的工作，但是他很迷茫，不知道这个行业在未来是否还具备发展空间与机遇，因此李老师建议他先从新媒体营销的基础着手，主要包括3方面的内容：什么是新媒体营销、新媒体营销的发展历程、新媒体营销的发展趋势。

一、什么是新媒体

1. 媒体

在介绍新媒体之前，我们先了解一下媒体的定义，这两者之间有着紧密的关系。百度百科上写道："媒体是指传播信息的媒介。它是指人借助用来传递信息与获取信息的工具、渠道、载体、中介物或技术手段。也可以把媒体看作实现信息从信息源传递到受信者的一切技术手段。"

因此，新媒体是人们用来传递信息与获取信息的工具、渠道与载体，是媒体中的一个新的媒体形态。

2. 新媒体

百度百科上写道："新媒体是相对于报刊、广播、电视等传统媒体而言的新的媒体形态，涵盖了所有数字化的媒体形式。"

简单地理解，新媒体就是由传统媒体结合了互联网这个新技术后演变而来的。例如我们现在常见的微信、微博、贴吧等社交平台，哔哩哔哩弹幕网，优酷、快手、秒拍等视频平台，豆瓣、天涯等社区，今日头条、一点资讯、天天快报等新闻客户端都属于新媒体平台的范畴。

新媒体营销也就可以定义为：根据企业营销策略，进行相应内容的制作，再通过付费或免费的方式在新媒体平台上投放，使其在目标用户人群中曝光，从而达到企业营销目的。

3. 自媒体

自媒体（又称“公民媒体”或“个人媒体”），是为个体提供信息生产、积累、共享、传播内容兼具私密性和公开性的信息传播方式，是私人化、平民化、普泛化、自主化的传播者，以现代化、电子化的手段，向不特定的大多数或者特定的单个人传递规范性及非规范性信息的新媒体的总称。自媒体平台包括：博客、微博、微信、百度贴吧、今日头条、腾讯内容开放平台等。

二、新媒体营销的发展历程

1. 新浪微博

2009年11月3日，新浪微博正式上线。刚开始时通过邀请明星和名人加入，与网友们进行内容分享与互动，吸引了一大批用户使用新浪微博。

多家企业从中嗅到了商机，开始使用新浪微博获取用户与树立品牌，例如：小米手机、凡客等企业。

截至2017年3月31日，新浪微博月活跃用户达3.4亿，其中，91%的用户都是通过移动端访问的，同时新浪微博超越Twitter成为全球用户规模最大的独立社交媒体平台。

新浪微博已经成为企业新媒体营销中不可或缺的一环。

2. 微信

2011年1月21日微信正式上线。凭借腾讯系产品的庞大用户群导入与极佳的用户体验，微信完成了早期大量用户的积累，开始了飞跃式发展。

2012年8月23日，微信上线微信公众平台，曾命名为“官号平台”和“媒体平台”，后于2013年8月5日更名为微信公众平台，进行了大幅度调整，吸引了部分作家试水创作。2014—2015年是平台疯狂式爆发期，大批内容创作者与企业开展微信营销，其中罗辑思维等自媒体人获得了丰厚的回报，企业也由以往的微博营销转变成微博、微信双微营销。

截至2017年6月底，微信和WeChat的合并月活跃账户数达到9.63亿，超越了QQ与微博的用户，成为企业新媒体营销必选的平台。

3. 今日头条

2012年8月，今日头条上线。凭借个性化推荐引擎技术，平台根据每个用户的兴趣、位置等多维度信息进行个性化推荐，推荐内容不仅包括狭义上的新闻，还包括音乐、电影、游戏、购物等资讯，成为移动资讯客户端的一匹黑马。4 年间，注册用户数从零增长到 5.5 亿。

2013 年，今日头条推出了头条号，致力于帮助企业、机构、媒体和自媒体在移动端获得更多曝光和关注，在移动互联网时代持续扩大影响力，同时实现品牌传播和内容变现。同时也为今日头条这个用户量众多的平台输出更优质的内容，创造更好的用户体验。

4. 其他平台

2015—2016 年，市场掀起了个性化资讯客户端的浪潮。各大互联网巨头纷纷加入了这个战场，腾讯推出企鹅号，百度推出百家号，阿里巴巴通过旗下 UC 浏览器推出大鱼号，网易推出网易号，搜狐也推出搜狐号。战场硝烟弥漫，各平台争抢好内容，投入大量资金补贴内容创作者。

正是因为移动互联网的高速发展，才出现了用户分散、流量入口分散的局面，企业为获取用户，由以往的双微营销转换成全渠道全平台的新媒体矩阵营销。

三、新媒体营销的发展趋势

在新媒体发展初期，大多数企业还处于观望期。随着早期试水新媒体营销的企业收获了大量的低成本用户和品牌知名度的大量曝光后，众多企业纷纷从过去的观望转变到现在的重视。未来，企业会不断加大新媒体营销的投入，人才需求数量也将会激增。

新媒体营销经过前几年的高速发展，已不再是简单的内容制作。新媒体营销趋势有以下 3 个方面。

1. 以“用户为导向”的内容制作

传统媒体时代，信息与资讯的创作权掌控在记者和编辑的手里，他们在很大程度上决定着用户能看到什么信息，不能看到什么信息。而在新媒体时代，信息与资讯创作权开始发生改变，人人都是内容的传播者。小众的专业内容也许拥有较高研究价值，但亲民、有趣的内容更容易获得大众的喜爱，并借助他们的传播收获可观的流量。

同样在碎片化的互联网时代下，对于优质的营销内容，用户也没有精力去欣赏了。他们更喜欢那些与自己关联度高、参与度高的内容。所以在新媒体营销中，“用户为导向”的内容更受用户喜爱。

2. 以“引导用户表达”的内容传播

传统媒体时代，企业对内容传播渠道的掌控力较强，用户通常扮演倾听者的角色，内容呈现单向传播模式。在新媒体时代，人人都自带传播渠道，信息呈现出复杂的多向传播模式。

在这样的媒介环境下，用户自我表达的欲望也愈发强烈，他们的兴趣和偏好成了新媒体营销能否成功的关键。同时在这个“人人都是创作者”的时代，用户需要的不是倾听，而是表达。新媒体营销者应该考虑的不只是创意有多巧妙、内容有多精良，还有如何为用户提供一个表达的舞台。

3. 以“集中用户注意力”的产品宣传

《浅薄》一书的作者尼古拉斯·卡尔认为，在纸媒时代我们获取信息就好像戴着潜水呼吸器，在文字的海洋中缓缓前进；而在互联网时代，我们就像一个个摩托快艇手，贴着水面呼啸而过。

在这样的环境下，用户的大脑不再依赖记忆行为本身。在面对信息过载带来的认知负荷时，用户不会努力去记忆那些他们认为重要的信息，他们更倾向去屏蔽、遗忘那些他们认为不重要的信息。如此一来，新媒体营销必须降低用户消化、储存信息的成本，才有机会在用户的脑海中扎根。

任务二 新媒体运营人才应具备的技能

情境导入

经过李老师的讲解，小林对新媒体营销很感兴趣，也对新媒体营销未来的发展趋势看好，但他不知道自己要具备哪些技能、怎么去学习和准备才能进入企业从事新媒体运营工作。因此李老师上招聘网站搜集了企业招聘新媒体运营人员的要求，并为小林做了归纳，主要包括新媒体平台与新媒体运营工具的使用与操作、内容运营、用户运营、活动运营和数据分析 5 个方面，同时针对这 5 个方面的要求做了进一步剖析。

一、新媒体平台与新媒体运营工具的使用与操作

新媒体平台使用与操作主要是指微信公众号、微博、今日头条、百家号、搜狐号、知乎、百度贴吧、豆瓣等平台的后台操作设置与功能使用。这是新媒体运营的一项基本技能，要求从业者熟悉各大新媒体平台的后台功能与设置。

在从事新媒体运营工作的过程中，我们要用到很多辅助工具。例如，微官网的制作要用到搜狐快站与腾讯风铃，微表单的制作要用到表单大师与金数据，微商城的搭建要用到微店、有赞、搜狐微商城，H5 页面与游戏的制作要用到易企秀、百度 H5、赢销游戏等，这些都是我们需要学会使用的新媒体运营工具。

二、内容运营

内容运营指的是文案、图片和视频的制作与处理。在企业新媒体营销中，内容起到了非常关键的作用。无论是新媒体营销中的拉新、留存、促活还是转化，都需要靠内容来进行支撑。新媒体时代“内容为王”，是否具备内容运营能力是企业招聘新媒体运营人员着重考核的一个内容。

1. 文案

企业对运营者的文笔要求不高，但也需具备基本的文字功底和写作能力。对于文案，企业更加看重知产品（准确提炼产品的卖点、了解产品的使用场景和理解产品的属性等）、懂用户（分析目标用户人群的属性和了解他们的需求与痛点等）、有创意（富含趣味性、让用户耳目一新）。

小技能　如何练习撰写文案

（1）平时要养成文案写作习惯；（2）选择一个领域、一种产品，再根据特定的目标人群来培养文案写作能力；（3）要用不同的方式、从不同的角度去尝试不一样的风格。

2. 图片

新媒体运营者应精通图片处理软件 Photoshop，并拥有基本的审美能力和设计能力。

3. 视频

拥有视频内容的制作与后期处理的能力，能为我们在面试过程中赢得不少加分。视频内容的制作主要是直播、视频拍摄，以及精通视频处理软件如会声会影、Adobe Premiere（简称 Pr）和 Adobe After Effect（简称 AE）。

三、用户运营

内容虽说重要，但光有内容还不够。我们希望用户消费我们的内容，这样内容才能具备价值，才能给予我们回报，因此用户运营也是我们需要掌握的技能。用户运营主要包含以下 4 个方面。

1. “拉新”：为网站、APP、微信公众号和微博等平台获取新用户。使用免费推广、付费推广的方法，在各大用户人群聚集的平台引导目标人群进入并成为用户。

2. “留存”：用户进入平台后，要留住用户。如果用户进入平台后逛了一圈就走，就意味着前功尽弃。我们要分析用户进入平台的目的，然后不断优化平台的展示页面，满足用户的需求使其持续关注平台。

3. “促活”：用户关注了公众号或下载 APP 后，使用一段时间后就很少阅读微信公众号内容或打开 APP 了，这时候需要促进这些“潜水”的用户活跃起来。一般通过活动、互动、奖励等形式让“潜水”的用户参与。

4. “转化”：让用户购买某一个产品或某一项服务，从而获得利益的回报，实现运营的价值。一般会通过软文、优惠活动和促销活动的形式，吸引用户进行购买。

四、活动运营

活动是在短期内达到某个运营目的的捷径，也是提升某项运营指标的有效方法。例如想完成新用户关注量的指标，你需要策划并执行一场拉新活动；想完成销售业绩的指标，你需要策划并执行一场优惠促销活动。

小技能 活动运营准备工作

活动涉及活动费用预算、活动奖品、其他部门协助配合、资源整合调用、推广方式和渠道选择等。因此在活动开展前，我们要开展以下准备工作：(1) 撰写活动的策划方案；(2) 交由上级领导审批与报备；(3) 领导审核通过后，统筹各部门及调用各方面资源；(4) 制订活动进度与时间表；(5) 编辑执行方案，让各部门清楚自己的工作内容、完成效果、人员配合等。

一场活动落地需要花费大量的时间和精力去策划、统筹和执行，但带给我们的效果和回报也是最直接的，因此我们要学会活动的策划与方案的编辑。

五、数据分析

在互联网时代，"以用户为导向"的运营思维体现得淋漓尽致。例如在今日头条等一批依靠智能推荐算法来实现内容分发的新闻客户端中，内容好坏的评判标准是：内容的点击率，用户的阅读进度、阅读速度，内容的评论数、收藏数以及点赞数。所以在大数据时代里，我们要借助数据来分析用户的属性、喜好度、偏好类型等。

数据分析包含以下这 4 个步骤：(1) 收集有效的数据；(2) 分析数据并归纳总结；(3) 根据结论调整新媒体运营策略；(4) 对调整后的运营效果进行再次归纳总结。

因此，我们要了解各大新媒体平台的数据含义，清楚每一项数据代表用户怎样的行为、情绪，学会各项数据的整理归类与分析。

任务三 新媒体运营的注意事项

情境导入

小林在网上查找关于新媒体的运营资料时，看到这样的一则新闻：有近80个自媒体账号被封，大多数账号都有上百万的粉丝，其中还有很多知名的账号，被封的账号类型主要是围绕明星八卦和娱乐圈轶事。

小林看到这则新闻后，觉得做新媒体太危险了，辛辛苦苦把账号做起来结果被封了，损失惨重。小林向李老师咨询了关于封号的事情，李老师给小林科普了新媒体运营的注意事项。

一、相关法律法规解读

国家网信办颁发了新版《互联网新闻信息服务管理规定》（下称《规定》）、《互联网新闻信息服务许可管理实施细则》（下称《细则》），并于2017年6月1日起开始实施。2017年6月7日北京市网信办依法约谈微博、今日头条、腾讯、一点资讯、优酷、网易、百度等网站，责令其依据相关法律法规、网站内容管理规定及用户协议关闭违规账号。随后各网站开始了清理行动，依法关停了一批违反法律法规的账号。

在我们从事新媒体运营工作时，《规定》与《细则》中有几条是需要特别注意的。

1.《规定》第二条："新闻信息，包括有关政治、经济、军事、外交等社会公共事务的报道、评论，以及有关社会突发事件的报道、评论……"

解读：这一条明确了"新闻信息"的定义，针对政治、经济、军事、外交等社会公共事务领域的内容慎发。建议在没有相关资质的情况下还是不要涉及以上领域。

2.《规定》第五条，通过互联网站、应用程序、论坛、博客、微博客、公众账号、即时通信工具、网络直播等形式向社会公众提供互联网新闻信息服务，应当取得互联网新闻信息服务许可，禁止未经许可或超越许可范围开展互联网新闻信息服务活动。

前款所称互联网新闻信息服务，包括互联网新闻信息采编发布服务、转载服务、传播平台服务。

解读：这条规定涉及的监管平台几乎已经涵盖了目前所有的主流信息分发渠道，同时也规定未经许可不能转载、传播《规定》第二条所涉及的内容领域。

3.《规定》第十六条，互联网新闻信息服务提供者和用户不得制作、复制、发布、传播法律、行政法规禁止的信息内容。

解读：新媒体运营在转载或传播违反法律法规的内容时，即使你不是原创，也需要承担法律责任，因此我们在转载内容时需核对信息真实性与合法性。

二、广告法解读

现行的《中华人民共和国广告法》(以下简称《广告法》) 是 2015 年 9 月 1 日起施行的。

在我们从事新媒体运营工作时，有几条法规是需要特别注意的。

1. 广告法第二条规定：在中华人民共和国境内，商品经营者或者服务提供者通过一定媒介和形式直接或者间接地介绍自己所推销的商品或者服务的商业广告活动，适用本法。

解读：在涉及企业品牌介绍、产品介绍时就要注意是否违反广告法相关规定，特别是广告文案、产品软文、电商网站文案。

2. 使用极限词进行品牌或产品介绍将违反广告法规定。极限词包括“最”“一”“顶级 / 极”“首 / 独家 / 国”等。

3. 修订后的广告法还新增了以下规定。

1）10 岁以下儿童不得做代言。

2）明星自己不用的产品，不得代言。

3）互联网广告不能一键关闭的，可罚 3 万元。

4）没有专业数据不行。

5）药品、保健食品广告不许代言。

4. 违反广告法规定，发布虚假广告的，由工商行政管理部门责令停止发布广告，责令广告主在相应范围内消除影响，处广告费用 3 倍以上 5 倍以下的罚款。广告费用无法计算或者明显偏低的，处 20 万元以上 100 万元以下的罚款。

项目实训

1. 查看新媒体运营招聘要求；查看 51job 招聘网站中相关职位的工作内容与招聘人员要求。

2. 查看《规定》《细则》与《广告法》，了解详细的法律法规内容。

项目总结

本项目主要介绍了新媒体的概念与发展趋势。从企业用人招聘要求下手，分析新媒体运营岗位应具备的技能和学习的方向，为下一步学习做好充分的准备。随着移动互联网的快速发展，新媒体营销显然已经成为新的企业品牌宣传阵地，从事新媒体运营成为大学生就业热门岗位之一，面对一个新兴的工作岗位，想快速掌握相关的技能也并非易事。前期对行业的了解与认知，以及对学习方向的把握都是非常关键的一环。

Chapter 2 新媒体文案写作

项目综述

小林入职一家为消费者提供潮流女包的公司，该公司总部位于广州，所有款式的设计均来自于西班牙巴塞罗那的一家创意设计办公室。为了让消费者能更了解品牌的设计理念，公司让小林负责微信公众号的内容运营，通过文章的形式向消费者传递设计理念。小林接到任务后，随即着手梳理内容制作流程，然后规划内容栏目、内容选题与构思，并建立内容素材库，搜集更多的文案写作素材。

项目目标

通过本模块的学习，应达到的具体目标如下：

知识目标

- 掌握新媒体文案的写作步骤
- 掌握新媒体内容栏目规划
- 掌握新媒体内容选题与构思
- 了解内容素材库的建立
- 掌握搜集素材的方式与渠道

技能目标

- 能够完成文案的写作
- 学会规划内容的栏目
- 掌握内容选题与构思的方法和技巧
- 能够建立素材库并且学会搜集素材

项目任务

任务一　标准化内容制作流程

任务二　新媒体内容栏目规划

任务三　新媒体文案选题与构思

任务四　新媒体文案写作素材搜集

任务一 标准化内容制作流程

任务引导

制订内容写作流程是内容运营的第一步，这将决定我们后面能否把选题更好、更快地表达出来。

每一个大学生，都经过了从小学到高中的十二年的写作锻炼，已经掌握了基本的写作技巧。然而文案写作没有框架，没有素材，没有时间限定，所以会无从下手，不知道该如何写出来。因此，标准化内容制作流程就是给予我们写作的框架。

1. 制订内容栏目

内容栏目也可理解为，文章的类型或文章的归类。就像一本杂志会有汽车、房产和健康等不同的内容栏目，我们也需要提前为微信公众号、微博等新媒体平台制定内容栏目，这样才能让我们在一个框架内着手写文章。栏目制定不是一成不变的，在一个周期内要根据用户的喜好度进行调整，图 2-1 所示为企业微信内容运营栏目规划表。

2. 选题

选题可以理解为文章的中心思想，也就是这篇文章想表达哪些观点，想传递怎样的信息给用户。我们写文章时，在确定好的栏目下，确定一个选题，用一到两句话去表达，例如：周一的内容栏目是时尚穿搭，选题是“来自巴黎时尚周的最新时尚元素”或者是“跟刘涛学职场穿衣搭配”等。

企业微信内容运营栏目规划表

内容分类	一级主题	二级主题	说明	内容关键点	内容占比	推送时间
企业相关度话题	产品	最新产品	当季上市新品，企业也会主推宣传，微博可配合推荐给粉丝	产品选择很关键，产品配图要丰富，展现细节图，清晰精致	50%	星期一
		热卖产品	一段时间内卖得最火的产品			
		常规产品	基本款产品，在微博上偶尔推送下，包括鞋子、外套、配饰等			
	活动	专题活动	某一品类促销活动，或者节假日活动专题	准确表述活动时间，语言尽量网络化，可幽默灵活		星期二
		单品促销	例如，单品团购、促销、打折等			
		品牌活动	如时尚造型师、中文名征集等			
	品牌	品牌文化	定位、文化、理念的宣传	用语活泼、自然、有人情味		随机
		设计理念	产品特色、卖点等			
	新闻	企业动态	公司新闻、投资等大事件			
		员工生活				随机
用户相关度	时尚搭配	待定	可与企业相关内容随机组合成多图文	有趣好玩、有价值的图文搭配	50%	星期三
	购物精选	待定				星期四
	养生健康	待定				星期五
	亲子教育	待定				星期六

图 2-1　企业微信内容运营栏目规划表

小技巧　如何做选题

好的选题是文章高质量的重要保障，决定了该文章能否吸引用户阅读与转发，因此做选题需要对用户有比较深入的了解，知道他们喜欢什么、不喜欢什么。对一位刚进入全新行业的运营者来说，比较难以做到快速地对用户有一个全面的了解，这需要他通过对行业自媒体、行业网站和同行等做研究，来确定选题的方向。

为了提高工作效率，减少查找素材的时间，平时应习惯性地把所有跟领域相关的信息渠道全部收藏为浏览器的书签，并进行整理归类，打造我们的素材库。素材库可以理解为一个专属的“图书馆”，每次写文章可以去“图书馆”查阅素材，获得选题思路。下文中有素材库的建设流程及步骤。

3. 构思

构思是把选题分模块地表达，分析每一个模块讲什么内容。常见的构思形式就是“总—分—总”或“总—分”。

例如：文章选题是“跟刘涛学职场穿衣搭配”，构思形式按“总—分—总”，构思的内容如下。

总：为什么要跟刘涛学职业装穿搭?

分：罗列搭配的技巧。

总：职业装搭配的注意事项。

构思的形式还有很多种，可以根据自己的思维发挥。主要思路是先确定选题，然后按模块填充内容。

4. 采集素材

明确构思后可以通过网络搜集素材，这时候素材库的作用就发挥出来了。根据构思的内容，在素材库中快速搜索相应的素材。然后在电脑上创建一个文件夹，把文字素材以文档的形式保存，图片素材直接保存。

5. 文章编写配图

先将搜集到的素材进行整理，然后按照文章构思的顺序撰写完整的文章，并不断修改直至完善，最后把搜集制作的图片素材插入文章当中，做到图文并茂。

6. 排版及图片处理

将编写好的文章发布到各大新媒体平台进行预览，然后根据各大平台的要求与用户阅读习惯进行字体大小、段落划分等调整，也要对图片尺寸、水印等问题进行处理。

7. 负责人审核

将文章在手机中的预览效果推送至相关负责人进行审核，再根据审核的建议确定是否需要修改文章。

任务二 新媒体内容栏目规划

任务引导

从事新媒体运营的小伙伴经常会遇到这些问题：写的文章多了之后，需要花费很长的时间去想今天的文章要写什么好，明天的文章要写什么，这样的情况下，工作效率会变得很低，也导致经常加班。规划新媒体内容栏目将帮助我们解决这些问题。规划内容栏目可从两个方面入手：以用户为导向和以产品为导向。

一、以用户为导向规划栏目

规划新媒体内容栏目就是要确定我们内容创作的方向。以用户为导向规划的栏目，要从用户出发，在确定好目标用户人群后，围绕用户的生活、工作、情感和兴趣爱好等方面，再确定用户感兴趣的内容类型，然后进行栏目设定。

栏目规划表需细化到天。做栏目规划要先确定好内容的更新频率与更新次数，例如：一周更新三次，每次更新两篇文章，栏目规划表如表 2-1 所示。

表 2-1　栏目规划表

时间	周一	周三	周五
栏目内容			

随后将选定好的内容栏目填入栏目规划表，如表 2-2 所示。

表 2-2　填充后的栏目规划表

时间	周一	周三	周五
栏目内容	时尚搭配	新品上新	玩乐推荐
	育儿技巧	美食天地	运动健身

二、以产品为导向规划栏目

当内容需专注于某一个领域时，就不能再用“以用户为导向”的方式去规划内容栏目，而是得从产品出发、从领域出发。

例如：内容的创作领域是宠物，那么就要从宠物的周边出发，寻找宠物这个领域中有哪些类型的内容是用户想看的、用户所需的。

最后结合内容的更新频率及次数，制作内容规划表。

任务三 新媒体文案选题与构思

任务引导

一篇文案的选题与构思决定了整篇文章的质量，特别是多人配合创作文案时，就需要根据内容栏目规划，各自提出文案的选题与构思，再一起讨论筛选出最终确定的选题与构思。确定后，各成员之间进行分工合作完成文案的编辑、配图和排版等工作，这样能提高工作效率与质量。文案选题有以下三类：灵感式选题、竞品分析式选题、资讯参考式选题。

一、灵感式选题

灵感式选题是根据对用户的了解，进行头脑风暴式思考后得出的选题。当我们以这种方式做选题时，就要考虑什么类型的选题是用户感兴趣的、想看的、所需要的。

我们对互联网的内容进行调研，并对用户转发朋友圈的内容做出归类后发现，用户对与自己有关、有用、有趣的选题会有好感，会点击进入阅读，并且会分享至朋友圈，因此与用户有关、有用、有趣也就成为我们采用灵感式选题时所考虑的三个原则。

例如：我们做的产品是面对在校大学实习生的，再根据我的栏目是职场，因此选题的思路将从三个方面展开，如图 2-2 所示。

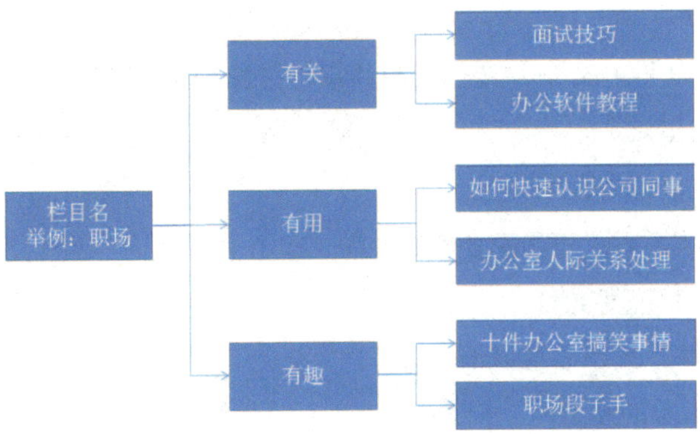

图 2-2 选题的思路

我们每一次做选题时，就先在本子上或白板上罗列出这三个方向，再沿着这三个方向去展开，跟团队小伙伴一起进行头脑风暴。

二、竞品分析式选题

通过新榜或清博大数据来寻找竞争同行的微信公众号，对他们的微信公众号的内容进行分析。根据文章的类型进行归类划分栏目，再把每一个栏目下阅读量较高的内容进行分析，由此来确定选题的方向及技巧。

例：小李运营一个情感类的微信公众号，他利用新榜进行竞争同行的寻找，也对同类别的微信公众号做了筛选，最终以排名靠前的几个微信公众号作为分析对象。

小李把这几个公众号近两个月的文章标题全部罗列在文档里，并对这些文章进行归类，发现文章类型比较集中地分布在情感文、影评文和自我塑造文三类上。

每一种类型的文章都有不同的选题方向，小李分别对三种类型文章的选题方向做了分析。

1. 情感文

① 感情观（鲜明的观点引发共鸣）

《为对方付出多少？底线是：你要输得起》

② 感情答疑（找多数人感兴趣的话题，引发好奇心和思考）

《记一件小事，什么时候该向对方表白？》

2. 热点文

某微信公众号的文章在蹭热点时并不是一味地去报道热点中的事情，而从以下两个方面入手。

① 与其他事情结合写

《××× 结婚后，我和我爱慕的人在一起了》

② 有观点有态度地写

《×× 事件：我亲手把孩子交给了坏人》

3. 个人形象的塑造

某微信公众号的运营者给自己贴了不同的标签，分别是：连续创业者、孩子他妈、等，因此她的文章就围绕着这些标签来讲述自己，例如：

《80 本最棒的幼儿绘本推荐》；

《我是如何成功地把一家公司开垮的》；

经过这一系列的归类和分析，小李明确了自己的内容选题的侧重点与方向。

三、资讯参考式选题

我们在做选题时，需要考虑到用户感兴趣和关心的事情。但在我们对用户不是很了解的情况下，就必须参考行业资讯来确定选题，如图 2-3 所示。

图 2-3　行业资讯

为了提高资讯参考的效率，我们得事前把所有能提供资讯的网站找出来，并集合在一起保存为书签，我们也称之为素材库，如图 2-4 所示。

图 2-4　素材的书签

通过浏览与领域相关的各大资讯网站获取近期热门事件，再根据运营者的判断选择一个事件作为选题，进行素材的搜集与文章的写作。

四、文章构思

确定好文章选题后，我们还需要把内容模块化地表达出来。一般我们常用的文章构思有“总—分”和“总—分—总”两种形式，构思的内容如下。

1. **总**：交代事情缘由，说明原因，吸引用户看文章。
2. **分**：交代事情经过，罗列要点，表达文章内容。
3. **总**：事情的结果，我们的态度及观点，转化流程。

任务四 新媒体文案写作素材搜集

情境引导

小林经常在公司加班写文章，每次都需要花费大量的时间在找素材上，工作效率一直提不上去，而且每次在蹭热点和获取独家素材方面都跟不上。因此小陈建议他搭建一个素材库出来。

一、选择网页浏览器

由于素材库的搭建需要我们在前期花费大量的时间寻找各个提供素材的网站，因此我们需要一个能在不同的电脑上同步使用和管理书签的浏览器，这样我们才能更高效地开展工作。

在网页浏览器的选择中，云同步书签是我们优先考虑的，推荐使用 QQ 浏览器，并登录 QQ 浏览器账号（用 QQ 账号登录即可），如图 2-5 所示。

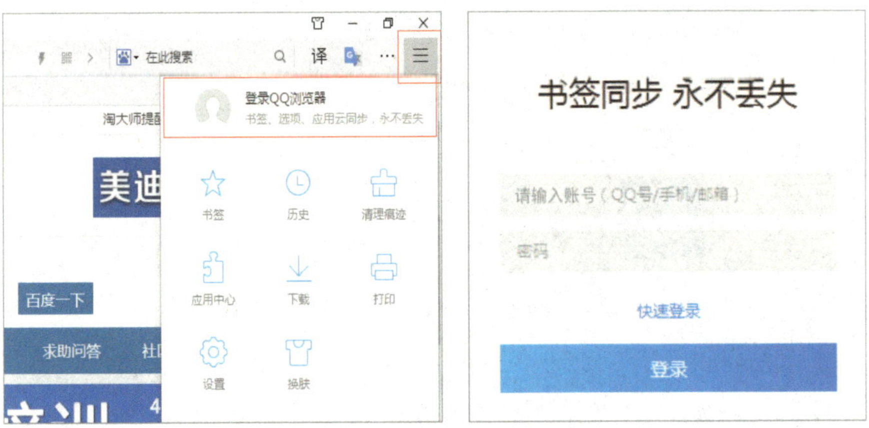

图 2-5 QQ 浏览器书签

二、素材库分类

我们根据互联网内容的生产方式，将素材网站划分为三大类，分别是：PGC（Professionally-Generated Content，专业产生内容），即由相关领域中具备一定经验和见识的人士创作与生产的内容；OGC（Occupationally-Generated Content，职业产生内容），指的是企业或品牌的新媒体运营部门创作与生产的内容；UGC（User-Generated Content，用户产生内容），由用户自发性地在网站或平台上发布的相关内容。在我们的素材库中还需要为这三个分类进行细化，如图 2-6 所示，以便我们能够更好地管理书签。

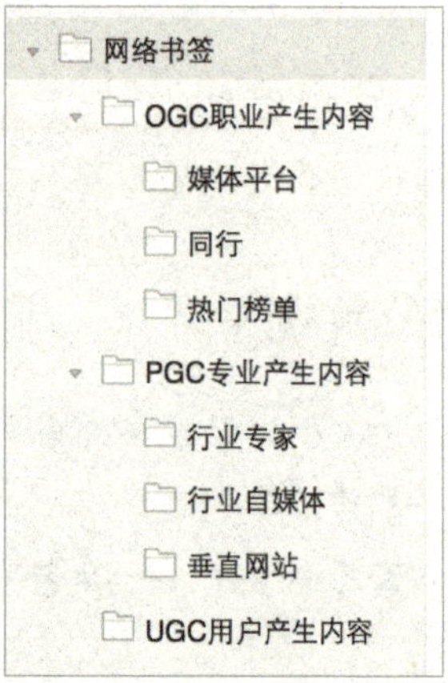

图 2-6　素材库分类

三、PGC（专业产生内容）网站搜集

PGC（专业产生内容）可以再细分为三个素材渠道：行业专家、行业自媒体、垂直网站。我们为这三个细分渠道建立书签文件夹，如图 2-7 所示。

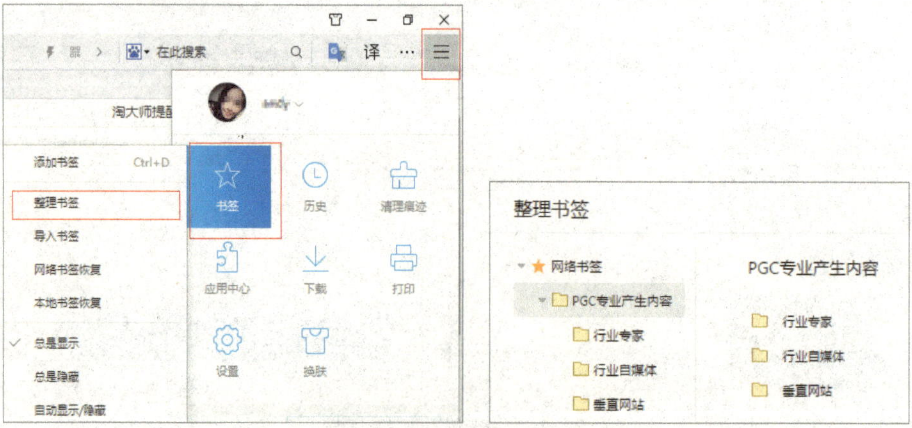

图 2-7　细分渠道建立书签文件夹

1. 行业专家

行业专家是从事于相关领域，并具备一定工作经验与见解的个人。他们会选择在社交平台上对热门事件、关注度高的问题或主题做观点的分享与问题的解答，因此我们通过微博、分答、知乎收集 PGC 的素材。

① 打开新浪微博并搜索相关领域的关键词，如图 2-8 所示。

图 2-8 微博搜索

② 选择找人，再选择个人认证用户，筛选微博账号并关注，如图 2-9 所示。

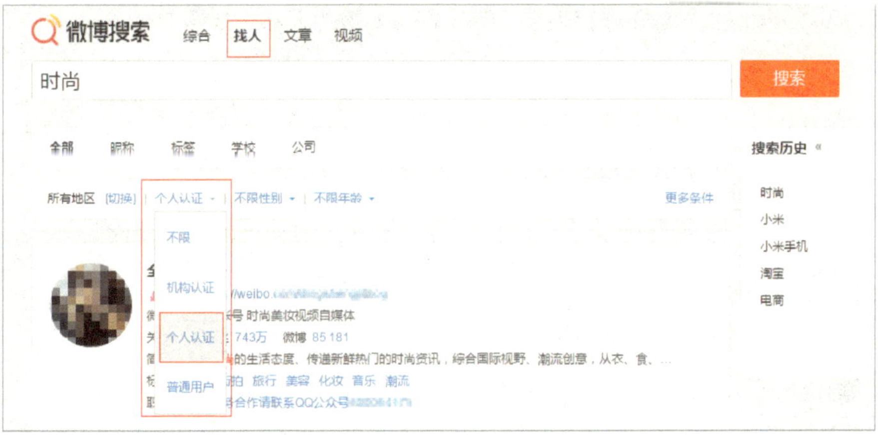

图 2-9 微博“找人”

③ 在问答平台分答上寻找相关人物，并关注其微博账号。

分答是一个国内领先的付费语音问答平台。快速地找到可以给自己提供帮助的那个人，他可以用一分钟时间为你答疑解惑。同时，分答汇聚了大量的各领域的专业人士，我们通过分答可寻找到相关领域的专家。

④ 打开分答，搜索相对应领域的关键词，如图 2-10 所示。

图 2-10　分答界面

⑤ 根据人物的简介进行筛选，确定符合要求的人物，如图 2-11 所示。

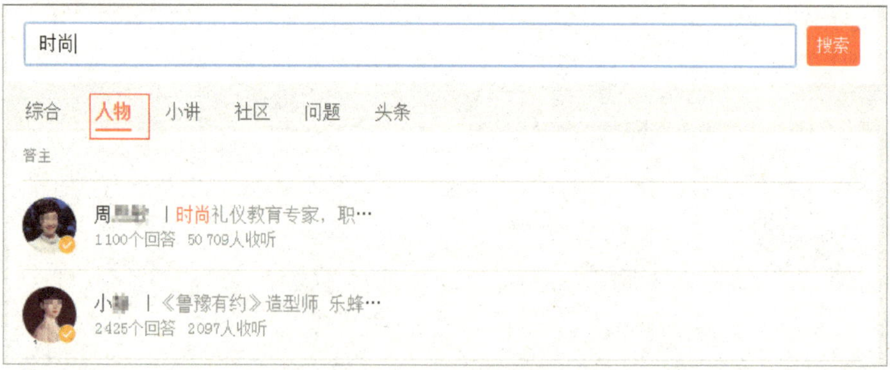

图 2-11　筛选人物

⑥ 复制人物名称至微博搜索账号并关注，如图 2-12 所示。

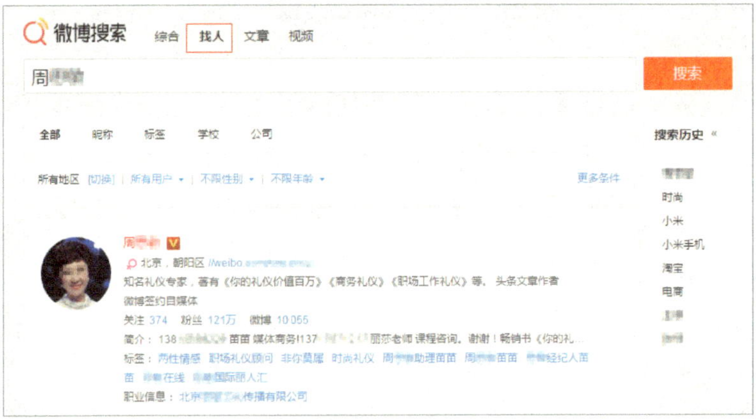

图 2-12　复制人名至微博搜索

2. 行业自媒体

行业自媒体一般都会由业内知名大咖，分享一个行业的玩法、资讯等一系列的信息。他们具备丰厚的经验和独特的观点，能为我们提供有价值的内容，我们可进行授权转载，或加工使用。

行业自媒体的内容发布平台是微信公众号、微博和今日头条，所以我们要从这三个平台入手来寻找自媒体账号。

新榜是一个以日、周、月、年为周期，按 24 大分类权威发布以微信为代表的中国各自媒体平台的真实、有价值的运营榜单，它能够帮助我们快速找到各个领域的自媒体账号。因此我们可以通过新榜来搜索相关行业自媒体的微信公众号和今日头条账号，并收藏为书签。

① 打开新榜，并进入榜单，如图 2-13 所示。

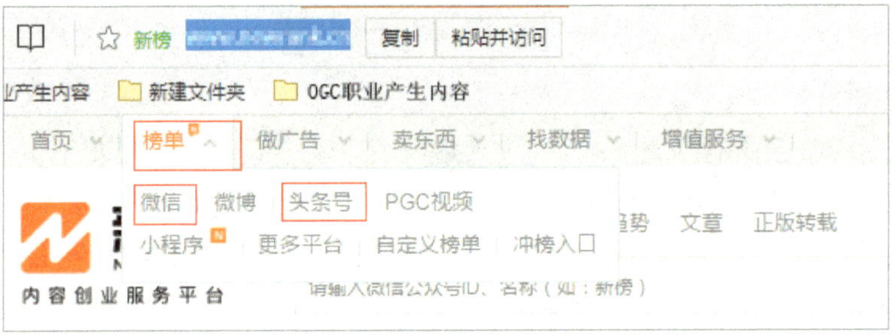

图 2-13　新榜“榜单”

② 选择细分领域，再进行账号的筛选与收藏，如图 2-14 所示。

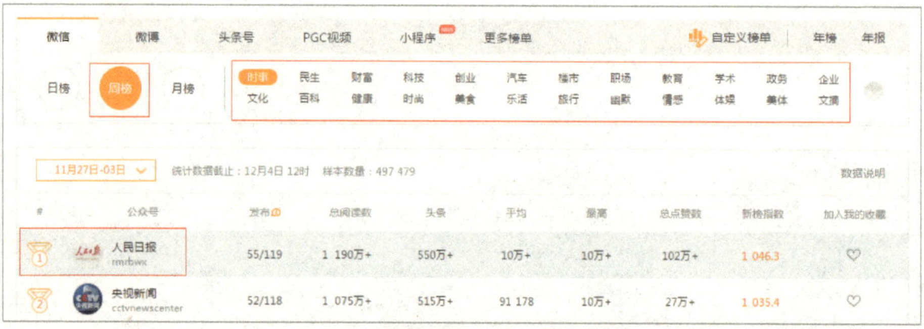

图 2-14 选择细分领域

③ 在微博上搜索机构认证账号，如图 2-15 所示。

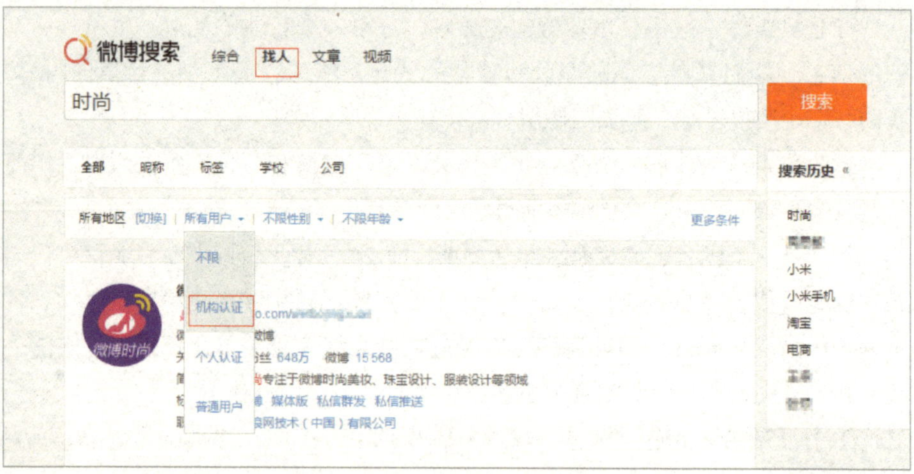

图 2-15 搜索机构认证账号

3. 垂直网站

找到相关行业的垂直网站，它们专注于这个行业，并且专业化地提供资讯，能为我们提供很多选题以及素材，甚至可以供我们转载或加工。

站长之家的网站排行功能，收录了互联网中大量的优质网站，并根据每一个网站的浏览量进行排名，根据每一个网站的类型进行归类，所以我们在寻找垂直网站时可以借助这一功能。

① 打开站长之家网站查找行业排名，如图 2-16 所示。

图 2-16 站长之家的行业排名

② 可以选择细分类目，找到更精准的垂直网站，并收藏为书签，如图 2-17 所示。

图 2-17 选择细分类目

四、OGC（职业产生内容）网站搜集

OGC 指的是以提供相应内容为职业，如媒体平台的记者、编辑、企业新媒体运营者等，进行内容的生产制作。这类内容素材网站也有一些细分归类，都需要为它们进行书签文件夹的创建，如图 2-18 所示。

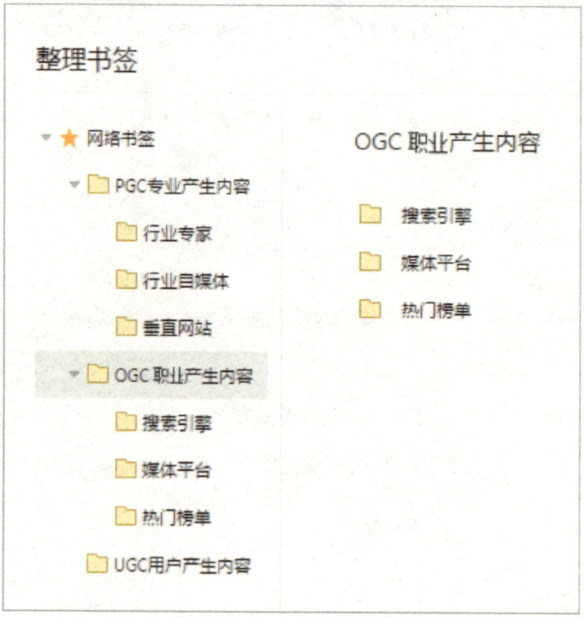

图 2-18　书签文件夹创建

1. 搜索引擎

当我们做好文章构思后，需要进行文章素材的搜集，而搜索引擎能很好地帮我们进行全网内容寻找，找到我们所需要的内容。由于百度能帮我们搜索到网页的素材，而搜狗能帮我们找到微信公众号的素材，因此我们需要将这两个网站都收藏为书签。

2. 媒体平台

媒体是我们知晓世界各国发生的大事和当地发生的小事的途径。所以，如果我们想掌握一手的新闻资讯，了解此时此刻的热门事件，就必须把各类媒体网站收藏为书签。

① 社会类新闻：指的是社会性质的新闻，报道民生大小事。以下推荐几个常用的社会类新闻网站，如人民网、凤凰资讯、央视网。

若想寻找更多的这类网站，可以通过站长之家的网站排行功能搜索。

② 行业类新闻：指的是报道垂直领域的资讯。报道这类新闻的网站分为两种，一种是垂直网站，专业做某一行业的，例如：时尚领域的时尚芭莎等，互联网领域的虎嗅网等；另一种是门户网站的细分版块，例如：腾讯网中体育、健康等领域的资讯。关于门户网站，下面推荐几个常用的网站，如网易、腾讯网、搜狐网、新浪网、新华网。

3. 热门榜单

如果想了解当下用户都在热议哪件事情，或者关注哪些热门事件，热搜榜单能帮到我们。热搜榜单将实时收录用户所热议的事件，并按热度进行排名。因此我们在做选题时可以参考用户所关注的热门事件，再进行相应的结合，从而能获得较高的关注度。

下面推荐三个比较权威的热搜榜单。

① 百度搜索风云榜，如图 2-19 所示。

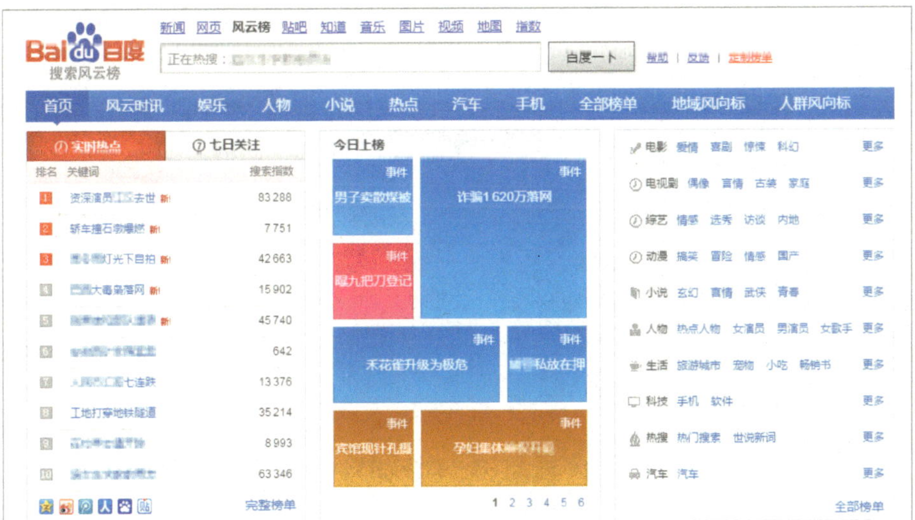

图 2-19　百度搜索风云榜

② 搜狗热搜榜，如图 2-20 所示。

图 2-20　搜狗热搜榜

③ 微博热搜，如图 2-21 所示。

图 2-21　微博热搜

五、UGC（用户产生内容）网站搜集

UGC 指的是用户发布的评论与想法。通过发布 UGC 的平台，我们能够快

速地了解用户，并搜集他们的评论与内容，取得授权后可以二次加工处理。我们需要把能收集到 UGC 素材的网站进行查找并收藏。

1. 百度贴吧

百度贴吧是全球最大的中文社区，如图 2-22 所示。贴吧结合搜索引擎建立一个在线的交流平台，将那些对同一个话题感兴趣的人们聚集在一起，方便他们展开交流和互相帮助。贴吧是一种基于关键词的主题交流社区，它与搜索紧密结合，准确把握用户需求，是为兴趣而生的。

找到我们的目标用户所分布的贴吧并关注，同时收藏为我们的书签。在后续的运营过程中，多关注用户的动态，是我们了解用户最直接的途径。

图 2-22　百度贴吧

2. 豆瓣

豆瓣（douban）是一个社区网站，如图 2-23 所示。豆瓣的核心用户群是具有良好教育背景的都市青年，包括白领及大学生。他们热爱生活，除了阅读、看电影、听音乐，更活跃于豆瓣小组、小站，对吃、穿、住、用、行等进行热烈的讨论。

他们热衷于参与各种有趣的线上、线下活动，拥有各种新奇的创意，是互联网上流行风尚的发起者和推动者。豆瓣的每一个小组、小站和百度贴吧的每一个吧是类似的，都是根据某一个兴趣或话题而集聚相同属性的人群，然后人们在小组里展开讨论和交流。

找到我们的目标用户所分布的小组，将页面收藏为书签，并多关注用户所发布的动态，了解用户的需求。

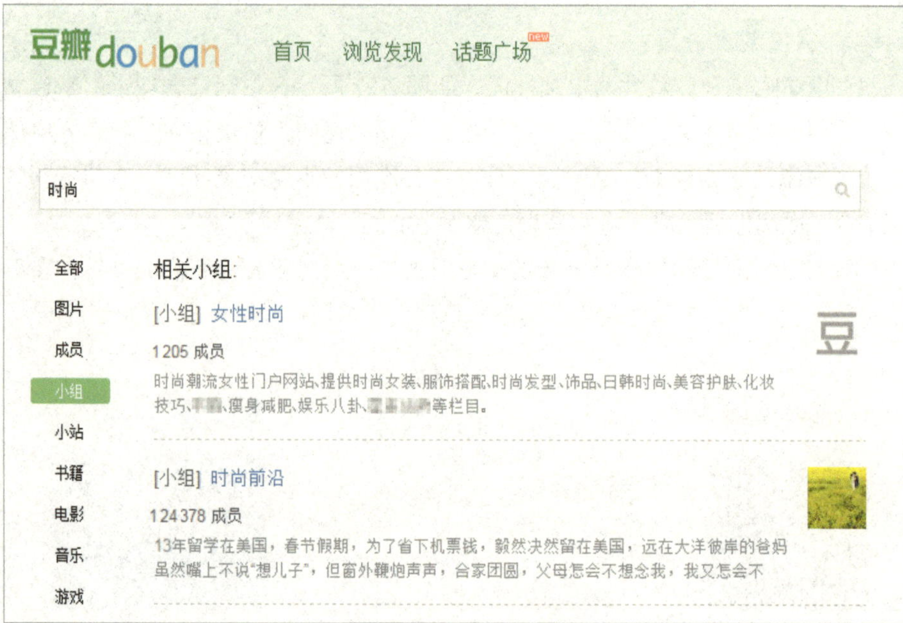

图 2-23 豆瓣

3. 知乎

知乎是一个较为真实的网络问答社区，该社区的氛围友好而理性，连接各行各业的精英，如图 2-24 所示。用户分享着彼此的专业知识、经验和见解，为中文互联网源源不断地提供高质量的信息。

准确地讲，知乎更像一个论坛：用户围绕着某一感兴趣的话题进行相关的讨论，同时可以关注兴趣一致的人。知乎的话题功能，是将相关的问题做一个集合。

同样，找到我们的目标用户所发布的话题，将页面收藏为书签，并多关注用户所发布的问题，了解用户的需求。

图 2-24　知乎

六、常用的工具网站

除了可以将素材的收集网站添加为书签，并组建成素材库外，还有一些我们平时常用的工具网站也可以加入我们的素材库，这样就能为我们省去打开网站名字的搜索时间与信息过滤时间。

1. 文章配图素材与图片加工处理网站

① 图片素材网站

花瓣、500px、pexels、pixabay。

② 图片处理网站

创客贴、美图秀秀网页版。

2. 动图 GIF 搜集与制作

① 动图 GIF 素材网站

搞笑 GIF 图片集、小猪动图、姐夫酷、多玩图库、每日有趣 GIF 图、soogif。

② 制作 GIF 动图工具

GifCam：GifCam 是一款集录制和剪辑于一体的 GIF 动画制作工具。它的使用方法非常简单。要将某一小段视频录制成Gif图片，只需将其窗口的“取景框”拖放到视频播放的区域，然后按下录制按钮即开始录制。它就像一个摄像机一样能将“取景框”中的影像拍摄下来并保存为 GIF 图。

③ 在线 GIF 动图制作

我拉网是一个可以把几张图片合并成为一个 GIF 动图的网站。

3. H5 页面制作网站

易企秀、MAKA、兔展、初页、百度 H5。

推荐使用易企秀和百度 H5。如果设计能力较差，使用易企秀网站来制作 H5 页面比较合适，里面的模板很丰富，但是制作出来的 H5 页面中会有广告；如果具备一定的设计能力，可以使用百度 H5。因为百度 H5 不含任何的广告，功能也比较丰富，有测试和游戏等，但其模板不多。

4. 用户数据收集网站

① 金数据

金数据是一款免费的表单设计和数据搜集工具，可用来设计表单、制作在线调查问卷、整理团队数据资料、获得产品反馈等。

② 表单大师

表单大师是一款在线数据收集、管理和分析工具，通过轻松的拖拽就可以制作出各种专业表单，它的数据报表分析功能能为用户提供决策依据。表单大师的应用场景比较丰富，例如在线订单、客户关系管理、满意度调查、进销存、OA、报名等，都可以用表单大师完成。

5. 二维码制作网站

① 草料二维码

作为一个专业的二维码生成工具，草料二维码不仅能生成电话、文本、短信、邮件和名片的二维码，也能生成文件、图片、网址、视频和音频等的二维码。草料二维码既有面向个人用户的免费版，也有面向企业用户的付费版。

② 二维工坊

二维工坊是一个一站式的二维码生成和营销平台，用户可以用它轻松生成各种二维码，同时能够对二维码进行美化。

6. 思维导图

① XMind

用 XMind 不仅可以绘制思维导图，还能绘制鱼骨图、二维图、树形图和逻辑图等，而且支持在各种展示形式之间进行转换。XMind 可以导入 MindManager、FreeMind 数据文件，也可以导出 Word、PPT、PDF、图片和 TXT 等格式的文件。

② 百度脑图

百度脑图是百度推出的一款在线思维导图编辑器。文件储存在云端，不占用硬盘空间。百度脑图支持分享功能，可以将脑图一键分享给其他小伙伴。除基本功能外，百度脑图还支持 XMind、FreeMind 文件的导入和导出，也能导出 PNG 和 SVG 格式的图像文件。

项目实训

1. 制定内容写作方向，并搭建该内容方向的素材库。
2. 制作内容栏目规划表，根据栏目规划表进行文章写作。

项目总结

本项目主要介绍了新媒体文章的创作流程。从新媒体内容的制作流程入手，分析文章写作的流程，以及每一个流程的细节与技巧。随着新媒体行业的竞争越来越激烈，内容成了新媒体运营的重要一环。内容栏目规划表设置、文章选题调研和素材库的建立，将帮助新媒体运营持续产出优质内容。内容写作能力的提升，除了客观条件的优化学习以外，还需要长期的实践与经验总结。

Chapter 3 今日头条号运营

项目综述

今日头条凭借个性化推荐引擎技术，截至 2017 年 7 月，日活跃用户人数达到 1.2 亿。

今日头条推出内容创作与分发平台“头条号”，在头条号上，可以发布文章、视频、图集和趣味测试等内容至今日头条平台上，也可以查看内容数据、设置账号功能等。同时，头条号帮助运营者把每一条内容精准地推送至今日头条 APP 不同的用户。

小林通过网络了解这些信息后，也想在今日头条开展相应的营销活动，提高公司品牌的知名度与商品销量。因此小林向就职于新媒体代运营公司的朋友小陈了解今日头条运营，小陈从以下六个方面给小林做了讲解：了解今日头条平台规则、注册头条号与设置资料、熟悉头条号后台操作、编写今日头条文章、开通头条号更多的账号功能权限。

项目目标

通过本模块的学习，应达到的具体目标如下：

知识目标

- 了解今日头条平台规则
- 了解今日头条账号注册及后台操作
- 了解今日头条文章编写技巧
- 了解今日头条等级提升及开通更多功能的条件

技能目标

- 注册今日头条账号并熟练后台操作
- 掌握文章内容编写优化技巧
- 能够帮助今日头条账号快速度过新手期
- 提升今日头条号指数及开通更多功能

项目任务

任务一　今日头条平台规则介绍

任务二　头条号注册与资料设置

任务三　今日头条后台主要功能讲解

任务四　今日头条文章编写技巧

任务五　头条号更多账号功能权限开通

任务一 今日头条平台规则介绍

任务引导

想要在今日头条上发展，除了写好的文章之外，还必须了解这个平台的规则。小林问陈老师："怎么才能够让文章得到更多的推荐呢？"只有了解了平台规则才能够更好地借助头条的流量。今日头条最大的特点就是针对内容的智能算法推荐。所谓智能算法推荐，就是把合适的内容推送给合适的人，平台相当于精准流量分发机器。

一、个性化推荐机制介绍

今日头条 2016 移动资讯行业细分报告显示，每一个用户平均每天花费在浏览今日头条的时间就达到 76 分钟以上。正是因为今日头条的个性化推荐机制才能吸引用户花费这么多的时间，这个智能算法能准确地分析出每一个用户喜欢阅读的内容类型，同时将该类型的内容推荐给用户。因此每一个用户的今日头条 APP 推荐页面都是不一样的，如图 3-1 所示。

图 3-1

首先，今日头条将通过用户的性格、职业、年龄、兴趣和短期的点击行为，例如：在首页展示的很多类型文章中点击阅读了哪几篇和哪些类型的文章，根据点击阅读数来形成用户特征标签。再通过文章的主题词、标签、热度、时效性和类型等，来形成文章特征标签。最后把用户特征标签与文章特征标签进行匹配推送，如图 3-2 所示。

图 3-2　今日头条推荐机制

今日头条需要大量的作者提供源源不断的内容，才能让不同类型、不同兴趣爱好的用户都能看到自己喜欢的内容。注册账号、编辑内容、管理内容等操作大大降低了作者的创作门槛。同时跟微信公众号与微博相比，作者不再需要花时间、花精力去推广账号和获取粉丝，只需要提供优质的内容，头条号会帮助他们把内容精准地推送给感兴趣的用户。

二、了解头条号文章发布的流程

在今日头条上发布的文章，要想有更多的用户阅读，就得让智能算法把这些文章推荐给更多的用户，也就是让这些文章出现在更多用户手机的今日头条 APP 上。

但现在今日头条的作者数量已经超过了 120 万，平均每天发布 50 万条内容。在竞争如此激烈的环境下，并不是什么内容都能够被发布出来的，也不是所有的内容都能够获取高的推荐量。下面我们就来介绍，一篇文章从作者提交内容到出现在用户手机的今日头条 APP 上，需要经过的几个步骤，如图 3-3 所示。

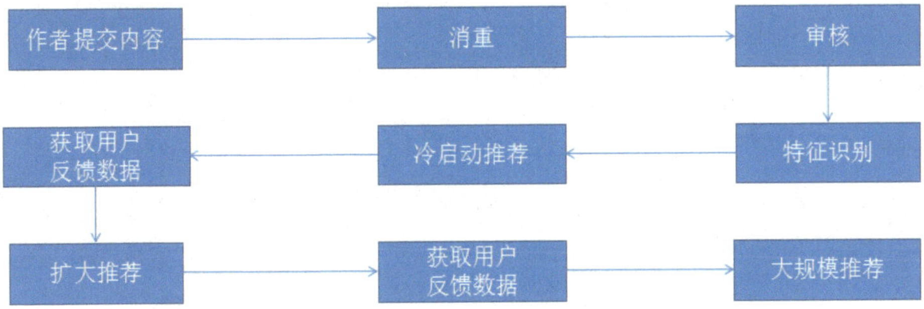

图 3-3　提交内容到出现在 APP 上经过的步骤

1. 消重

头条号发布的内容，在通过审核和进入推荐系统之前，还有一道“难关”，那就是消重机制。消重机制主要是为了保证用户体验，防止用户在同一时间阅读到大量雷同的文章。

① 是否为权威媒体或者原创

如果是权威媒体发布或原创内容，那么文章就会被作为主要推荐对象，这就解释了为什么非原创的内容无法在今日头条获得推荐量。其中原创的权重要大于权威发布的权重。如果没有原创，那么系统将推荐权威的内容。

比如相似度很高的两篇内容，自媒体先发但没申请原创，而央视作为权威媒体后发，那么系统推荐央视内容的可能性更大。

② 相似主题消重

当热点出现的时候，很多人都会进行借势，这样会造成刷屏。系统为了保证用户体验，就会启动对相似主题的消重。所以想在今日头条上抢热点，首先必须速度快，其次角度、观点都必须新颖，不然就不会被推荐，如图 3-4 所示。

2. 审核

头条号的文章审核是以机器审核为主，人工审核为辅。而且敏感、低俗、低质的文章，也是能够被机器检测到的，并且会被机器算法拦截，这是头条号特有的审核机制。只有制作规范的标题，提供优质原创的文章，抵制不良推广信息，才有可能被审核通过，如图 3-5 所示。

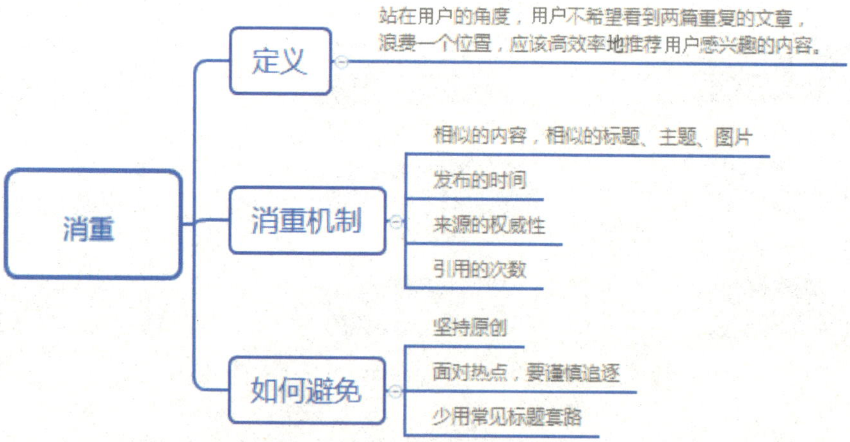

图 3-4　消重

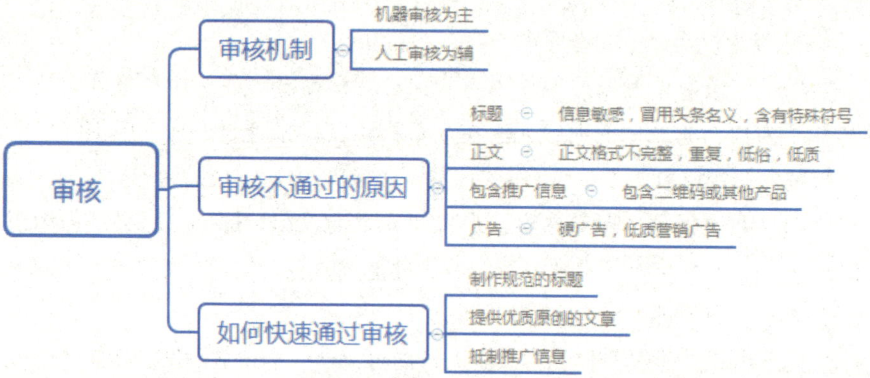

图 3-5　审核

三、关键词机制

关键词机制也就是特征识别，学会给文章的标题和内容打上关键词标签。机器读不懂你的文章，但能够识别关键词所对应的标签。而关键词标签背后对应的是相关的用户群体，有些标签背后对应的可能是上亿人，有些标签可能仅仅几千人，因此给文章加对标签很重要。

四、推荐机制

系统首先将文章推荐给最可能感兴趣的用户，如订阅者、兴趣点相同和相似的人群，根据他们的反馈进行下一步的调整，这个过程被称为冷启动。

如果一篇文章有点击率高、阅读深度大（阅读完成率）、阅读广度及深度高、收藏和转载量高以及评价正面等一系列的正反馈，头条号就会扩大该文章的推荐。

任务二 头条号注册与资料设置

任务引导

头条号是今日头条旗下的一款产品，其作用是让更多的作者通过它来编辑、发布内容，使得今日头条有着源源不断的内容输出。因此今日头条本身并不生产制作内容，而是充当内容的分发者，通过头条号让作者提交内容，利用个性化推荐机制把内容分发给不同的用户浏览。

一、账号注册流程

百度搜索“头条号”，然后点击官网进入，如图 3-6 所示，或者直接输入头条号的网址打开官网。

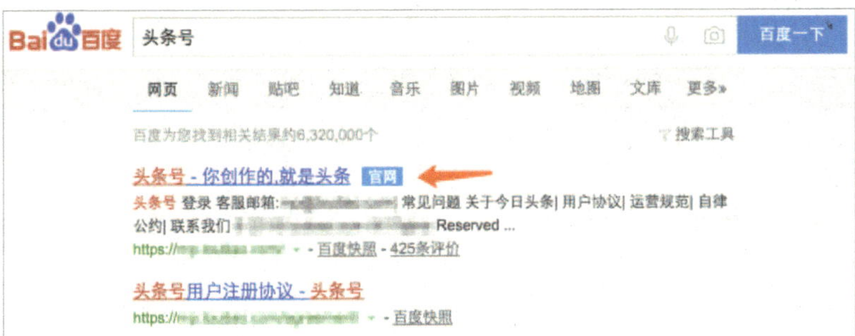

图 3-6 百度搜索“头条号”

进入登录界面后，点击“注册”即可开始注册账号，如图 3-7 所示。注册账号可以用手机号码、邮箱或第三方登录信息。注意：一个手机号码只能注册一个头条号账号，并且通过其他方式注册也需要绑定手机号码。

1. 选择账号注册类型

头条号支持两种不同类型的主体注册账号，如图 3-8 所示，包括个人和机构。其中，机构可能是企业、媒体、国家机构、新闻媒体和其他组织。从这 2 种不同的类型中，根据自身的情况，选择一种类型进行注册即可。

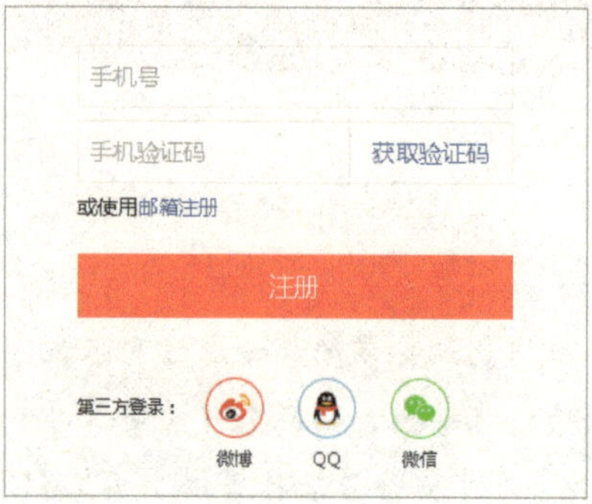

图 3-7　头条号注册

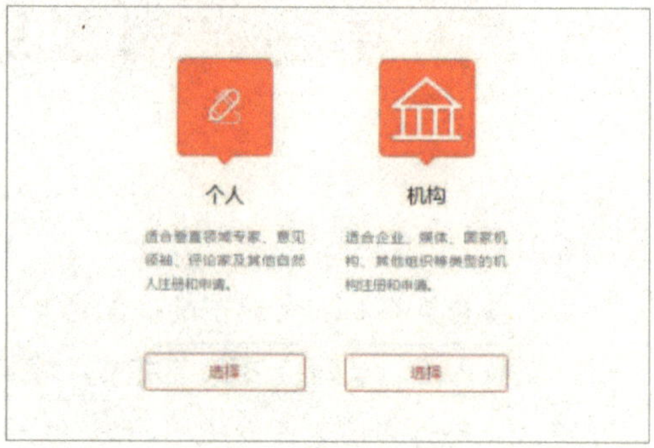

图 3-8　头条号账号类型

2. 提交注册资料

在注册不同类型账号时，需要提交的材料是不同的，可参考图 3-9 所示的资料列表准备好资料。

个人	媒体注1	国家机构	企业	其他组织
运营者身份证姓名	运营者身份证姓名	运营者身份证姓名	运营者身份证姓名	运营者身份证姓名
运营者身份证号码	运营者身份证号码	运营者身份证号码	运营者身份证号码	运营者身份证号码
运营者完成实名认证	运营者完成实名认证	运营者完成实名认证	运营者完成实名认证	运营者完成实名认证
运营者手机号	运营者手机号	运营者手机号	运营者手机号	运营者手机号
联系邮箱	联系邮箱	联系邮箱	联系邮箱	联系邮箱
组织名称	机构名称	企业名称	组织名称	
专业资质注2	账号申请确认书	入驻申请信息表	账号申请确认书	申请账号确认书
	组织机构代码证/营业执照		组织机构代码证/营业执照	组织机构代码证/营业执照
			专业资质注2	

图 3-9　注册资料

3. 今日头条 APP 上实名验证

在电脑端提交注册资料之后，可以直接进入头条号后台。后台“账号信息”中会提示：需要在今日头条手机端进行实名认证。

在手机上下载今日头条 APP，并用注册头条号的账号登录今日头条 APP，打开用户界面就可以看到实名认证，按照步骤操作即可。

二、账号资料修改

在后续的运营过程中也可以修改账号信息与设置账号资料等，不过一个月只能改一次头条号名称、头条号介绍和头条号头像。

手机端的修改界面在今日头条 APP 的系统设置里面，电脑端的修改界面在头条号后台的账号设置里，如图 3-10 所示。

图 3-10　账号资料修改界面

任务三 今日头条后台主要功能讲解

任务引导

头条号的账号管理设置与内容编辑发布都是在头条号后台进行的，同时账号收益、粉丝互动等也需要在电脑端的头条号后台进行查看与操作。因此我们对头条号后台的每一个功能都要熟悉，知道它们有什么用处，怎么去操作等。

一、头条号后台主界面

主界面是我们登录进入头条号后显示的页面，如图 3-11 所示。其中主界面的公告、学院和活动是很重要的，因为这三个栏目能帮助我们掌握官方的最新最快资讯，以便我们调整运营策略。

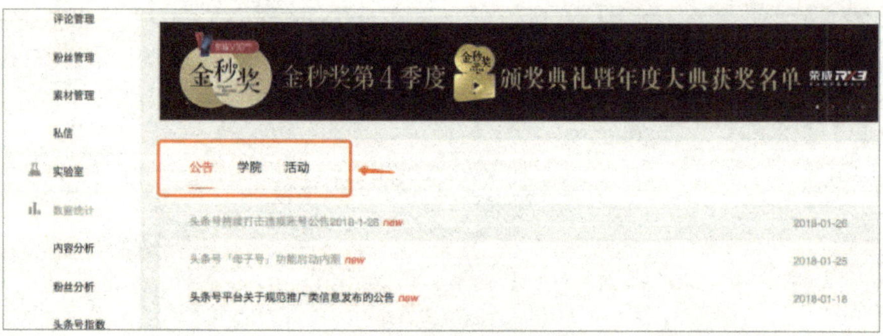

图 3-11　头条号主界面

二、内容管理

内容管理可用于查看单条内容的数据，修改或删除内容，如图 3-12 所示。其中修改内容只支持修改发布时间为 14 天以内的内容，需要提醒的是频繁地修改内容会影响文章的推荐量以及头条号指数。如果想删除某一条内容，只有先把这条内容从主页撤回，才能进行删除。

“推荐”就是指内容被推荐给了今日头条的多少用户，“阅读”则是指内容被多少用户点开并浏览。

“号外”是今日头条推出的一款付费推广的工具，可以通过付费的方式购买推荐量，一般用它推送一些企业的产品软文比较多。

图 3-12　内容管理

三、评论管理

评论管理可用于查看用户对于内容或微头条的评论。我们也能在评论管理里面回复、推荐、点赞和置顶用户的评论，如图 3-13 所示。值得提醒的是，我们回复用户的评论不仅能提高内容的推荐量，也能提高我们的头条号指数。但在回复评论时，注意不要回复无意义的内容，例如：嗯、噢、嘻嘻等，而是要引导用户继续评论内容，引来更多用户的围观。

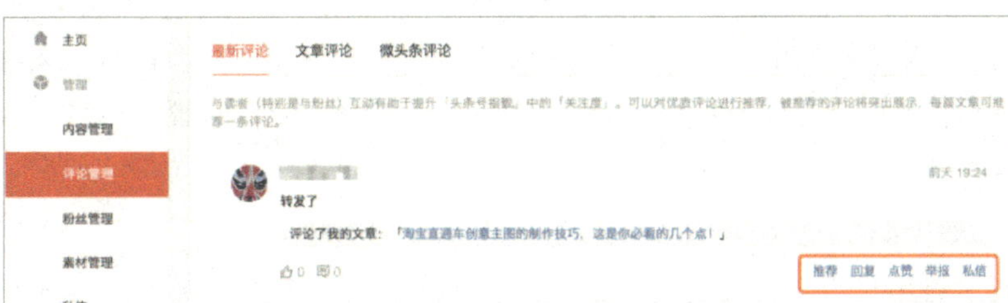

图 3-13　评论管理

四、内容分析

内容分析的主要作用在于查看每一条内容详情的数据分析，帮助运营者调整内容的创作方向与优化内容质量。在头条号后台的数据统计里面就有内容分析的功能，该功能包含概况、文章分析、视频分析和微头条分析，其中常用的有文章分析与视频分析。文章分析中有每一篇文章单独的数据指标，如图 3-14 所示。

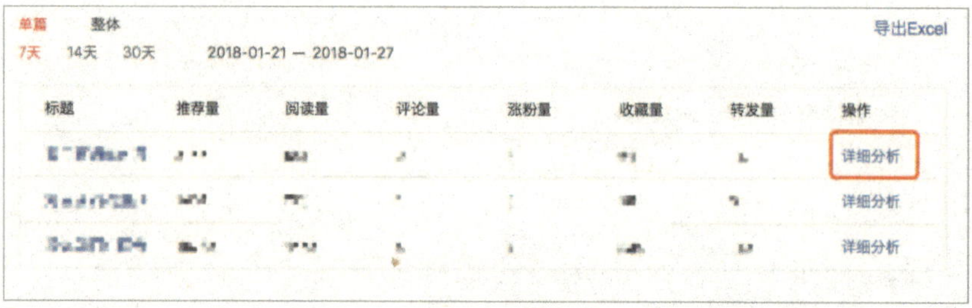

图 3-14　文章数据指标

在图 3-14“详细分析”里面，有三个数据指标：平均阅读进度、跳出率、平均阅读速度。系统判定内容质量会依据这几个数据指标，如图 3-15 所示。

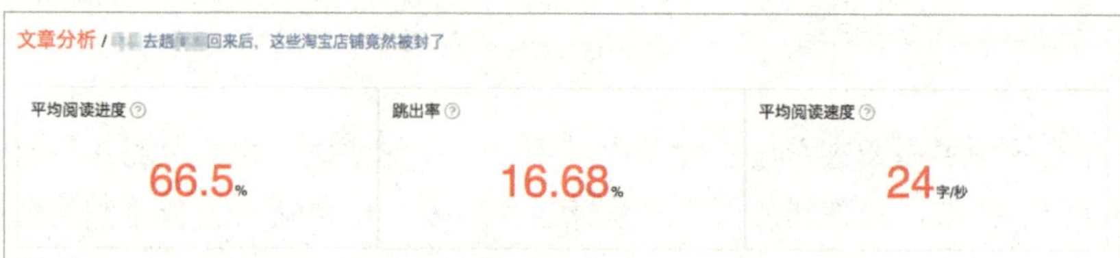

图 3-15　系统判定内容质量的数据指标

1. 平均阅读进度

指所有用户对一篇文章的平均阅读完成度。这个指标越高越好，如果是 100% 的阅读进度，就说明该文章能够吸引用户整篇地阅读完。我们可通过提高文章的可读性、优化文章排版、减少密集的文字分布、控制文章字数在 1 000 字以内等方式来提高平均阅读进度的指标值。

2. 跳出率

指所有用户中，阅读进度不足 20% 的用户占比。这个指标越低越好，降低跳出率的方法就是使文章的开头部分所表达的内容与标题一致，满足用户对文章的期待与兴趣等。

3. 平均阅读速度

指所有用户对一篇文章的平均阅读速度。这个指标越低越好，速度慢就表示用户详细地阅读了文章内容，因此我们既要增加文章内容的可读性、趣味性，也需要增加内容配图的数量与质量等。

任务四 今日头条文章编写技巧

任务引导

在运营头条号时，我们会更注重个性化推荐系统的喜好。因为内容能否得到大量的曝光推送，都取决于内容能否被判定为优质，所以我们在编写今日头条文章时要注意一些细节。

一、内容的发布形式

点击头条号后台右上角的“发表”即可进入内容的编辑界面。今日头条支持五种内容形式，分别是文章、视频、图集、微头条和问答。常见的内容形式为文章，下文以文章为例说明，如图 3-16 所示。

图 3-16 文章发表

二、内容优化技巧

从事新媒体运营时，我们经常会将一篇文章发布到多个新媒体平台，想让内容达到最多的曝光量，实现更大的价值。对于发布在今日头条的文章我们必须进行有针对性的优化，从而得到更多的推荐量。下面就从今日头条文章的编辑顺序来讨论优化技巧。

1. 标题

文章标题是非常重要的一个评分，能直接影响文章的推荐量与阅读量。因此在标题上我们需要花时间、花心思地去优化，否则文章内容写得再好，用户不点击也都是白费精力。

官方也对标题给出了规范，若存在以下情况，文章将无法通过审核或不被系统推荐，违规严重的账号将受到处罚甚至封禁。

① 标题中含有错别字、繁体字、特殊符号，或标题不通顺，或标题使用全英文、其他外文等。

② 使用过度夸张的惊叹词，故意营造悬念引人好奇。

③ 题文不符，标题存在歧义，断章取义，捏造正文中不存在的人、物、情节等。

2. 标题优化技巧

① 长标题更能确保文章内容的观点准确地传递给用户，吸引用户点击阅读。

② 标题中多出现热门的人、物或事件的关键词，不仅能蹭到热度也能让系统识别到文章标签，进行大规模的推送。

③ 可通过分析相同内容领域的、高阅读量的文章的标题，将其进行修改，加入文章中提及的人、物或事件。

3. 文章内容

文章内容的优化要达到效果是，让用户能够看完整篇文章，并且是较慢的阅读速度，最后引导用户评论互动。

① 文章开头要与标题相结合，避免被投诉是标题党。也可以埋下悬念，吸引用户往下阅读。

② 文章有可读性，控制在 1 000 字以内，配图美观，有吸引力。

③ 文章末尾引导用户评论，可使用反问用户观点、向用户提问题等方式。

4. 封面图

今日头条提供三种文章封面图的设置方式：单图、三图和自动，封面图的图片只能从正文中选择。

设置封面图建议选择三图的形式。在今日头条APP的文章展示中，三图模式所占据的位置比单图模式的大。不要选择有大量文字或GIF的图片作为封面图，要采用清晰美观且有吸引力的图片，如图3-17所示。

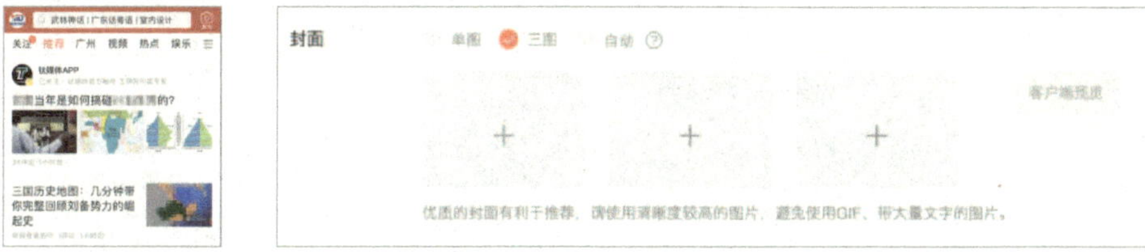

图3-17　采用三图模式

5. 发文时间

发文时间对文章阅读量有一定的影响，因此选择用户看APP的高峰期发布是最为合适的。比如目标用户经常在早上9点、晚上6点、晚上10点看今日头条，那这些时间就是最佳的发文时间。

6. 手动发表

尽量选择手动操作发布文章，这样不但能避免被后台机器误判为第三方软件在批量地发布文章，还能够提高所发文章的推荐量。

任务五　头条号更多账号功能权限开通

任务引导

头条号除了常规的内容编辑发布、数据反馈、用户互动和账号设置以外，还增加了很多额外的功能权限。其中常用的功能是每一个账号都具备的，而增加的额外功能需要具备一定的条件才能开通。

在头条号后台的账号权限中，即可了解到有哪些增加的额外功能，以及它们分别需要具备什么条件才能被开通，如图 3-18 所示。

账号权限

功能	状态	申请条件	功能说明
自营广告	已开通	符合条件的头条号可以申请开通自营广告	功能介绍
头条广告	已开通	符合条件的头条号可以申请开通头条广告	功能介绍
原创标签	申请	优质原创头条号可申请开通原创标签	功能介绍
千人万元	申请	开通原创标签的个人帐号才可申请	功能介绍
商品	已开通	累计粉丝数2 000以上；头条号指数650以上	功能介绍
双标题/双封面	申请	累计粉丝数2 000以上；头条号指数600以上；已开通原创权限	功能介绍
评论保护	申请	累计粉丝数10 000以上；头条号指数700以上	功能介绍
外图封面	申请	累计粉丝数2 000以上；头条号指数600以上	功能介绍

图 3-18　头条号额外功能

一、自营广告

自营广告是头条号所特有的一种开放自由的推广方式，由头条号作者自主上传推广素材，在内容页面中进行展示。无论是自我宣传、活动介绍、APP 下载，还是传统的营销推广，都可以在自营广告中展示。该服务是完全免费的。

自营广告会展示在今日头条 APP 的文章下方，视频也可展示自营广告，但 PC 端不展示自营广告，如图 3-19 所示。自营广告的内容设置在头条号后台的收益分析的功能里面，如图 3-20 所示。

作者可以在文章尾部编辑内容，引导用户点击下方的自营广告，其中自营广告的内容与跳转的落地页链接均可自定义。

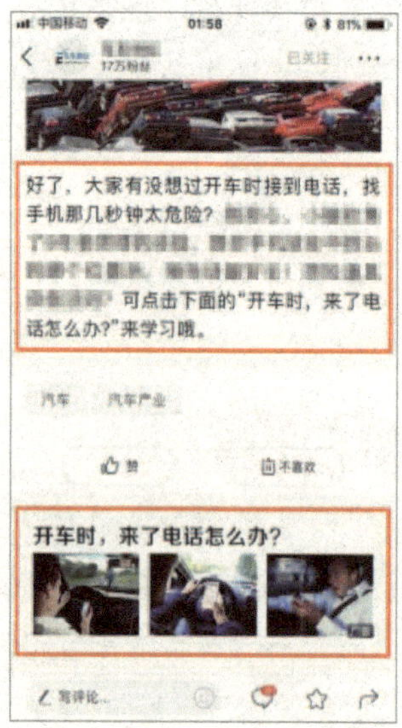

图 3-19　手机端自营广告

1. 开通自营广告需满足以下条件

① 适用类型：个人、群媒体、新闻媒体、国家机构、企业、其他组织；

② 账号已实名认证；

③ 累计粉丝数达到 2 000；

④ 最近 30 天内，已发文 >10 篇 ；

⑤ 无违禁惩罚记录。

2. 设置自营广告

登录头条号后台，在左侧菜单中点击“收益分析”，对自营广告进行设置。自营广告支持图片、图文和头条号三种形式，如图 3-20 所示。

图 3-20　自营广告内容设置

3. 自营广告投放规范

① 行业限制

禁止投放以下分类广告：健康、医疗、保健、彩票、财经、金融、法律、两性、教育、广告招商、微商、二类电商，详见《自营广告投放行业资质说明》。

② 素材要求

广告内容页：必须在移动端适配，大小不超过 1M；不能进行二次跳转；不能含有自动播放的音频、视频；不能是第三方媒体平台页面；应用下载广告中的 IOS 系统必须使用 iTunes 原始链接。

广告展示的图片、文案：不得出现违法、虚假欺诈、低俗、敏感、色情类信息；不得涉及第三方的负面信息；不得出现无授权名人形象；不能有吸烟、饮酒形象；社交软件、内衣类广告图片不能使用真人形象；不能出现如“日赚 ×× 元”等的兼职招聘类信息；广告中出现微信账号或微信公众账号的，不能出现明显售卖倾向的描述，详见《关于自营广告内容要求的通知》。

③ 违规处罚

为保障用户权益，头条会对违规广告内容做出相应处罚。

二、头条广告

头条广告是头条号作者将广告位委托给头条号平台代为运营的一种广告形式。由头条号平台对用户和广告内容进行智能匹配，实现精准推广，广告收益完全属于创作者。

头条广告会展示在今日头条 APP 的文章下方，如图 3-21 所示，与自营广告展示位相同，图集与视频不显示广告。为了有好的用户体验，头条并非每次刷新文章都有广告展示，PC 端不展示头条广告。

1. 开通头条广告

所有个人类型头条号和群媒体、企业、新闻媒体等机构类型头条号，完成注册后将直接开通头条广告权限，按流量获得现金分成（注：因违规导致扣分、账号分值≤ 50 分、被关闭了头条广告权限的账号无法再开通广告权限）。

2. 设置头条广告

自动同步的文章投放头条广告时，在“收益”中的“收益设置”页面进行设置，此处设置只对自动同步的内容生效。手动发表的文章投放头条广告时，在发表文章时选择“投放头条广告”，手动发布的内容的广告投放类型以发布时编辑器上的选择为准，如图 3-22 所示。

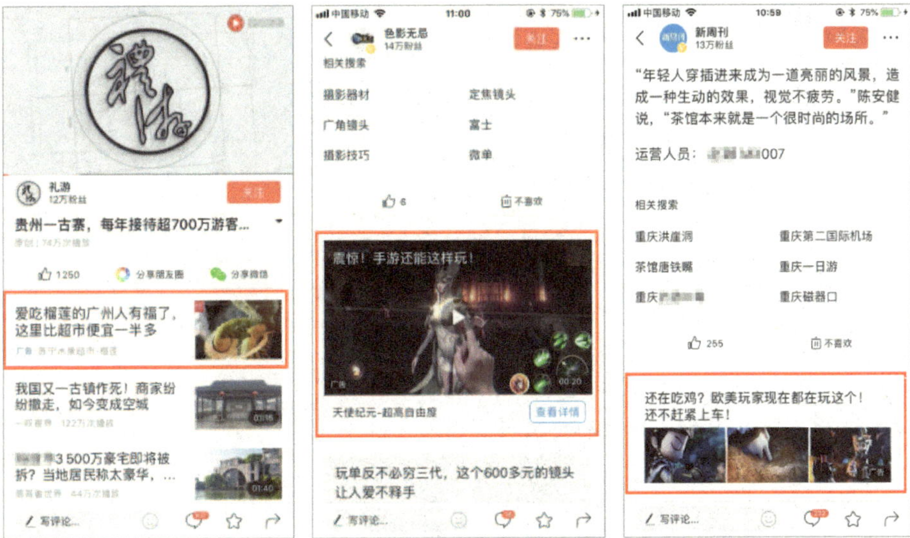

图 3-21　头条广告位置

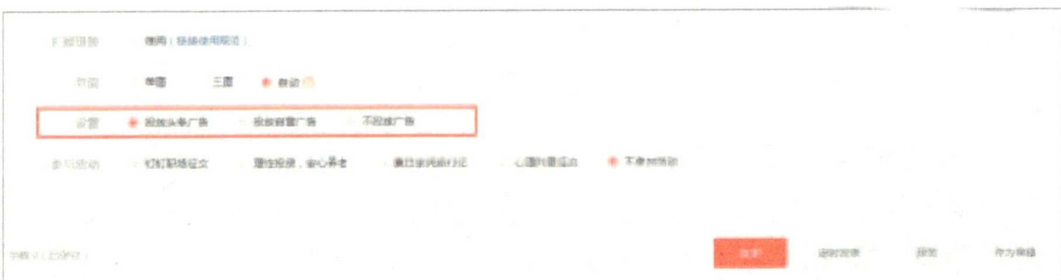

图 3-22　设置头条广告

3. 账号收益

① 投放了头条广告的内容才会有收益，每日的收益会展示在“我的收益”栏目中，如图 3-23 所示。

② 账号分值与收益挂钩，不良行为引发的扣分，可能影响收益。详情请参考《关于账号分值与账号收益联动的公告》。

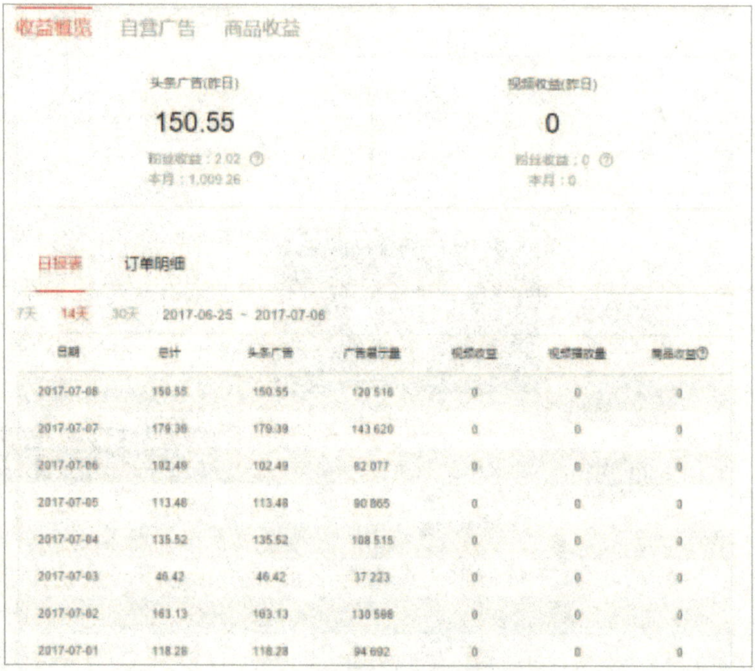

图 3-23　我的收益

4. 提高头条号账号收益的技巧

① 账号收益的广告计费方式是按广告曝光量来计算。因此可以通过提高内容可读性、文章长度和提高配图质量等方法，让阅读文章的用户拉到文章底部浏览广告。

② 自 2018 年 1 月 16 日起，头条号平台将大幅提升内容（包括文章、图集和视频）向粉丝展示产生的广告收益，根据粉丝阅读和观看量级，提高 3~50 倍。

③ 头条号对原创作者有一定的扶持力度，其中拥有图文或视频原创标签的头条号，CPM（Cost Per Mille，千次曝光单价）价格会比不是原创标签的头条号高很多。

三、商品

商品功能是头条号平台为作者提供的商品推广功能。作者可在文章当中插入与标题和内容相关的商品购买链接，并通过 CPS（Cost Per Sale，按销售分成）分佣模式帮助作者赚取佣金，增加文章变现手段。

注意：CPS 是指一旦有用户产生实际购买，作者即可根据订单总金额和既定的佣金比例，获得商品佣金作为报酬。

1. 开通商品功能条件

① 已实名认证；

② 粉丝数达到 2 000；

③ 最近 30 天内，已发文 > 10 篇；

④ 无违禁惩罚记录。

满足条件的头条号可在头条号后台的“账号权限”里面自助开通。

2. 设置商品插入功能

开通商品功能之后，在文章编辑页面的标题下方的功能菜单处看到“商品”图标按钮，如图 3-24 所示。

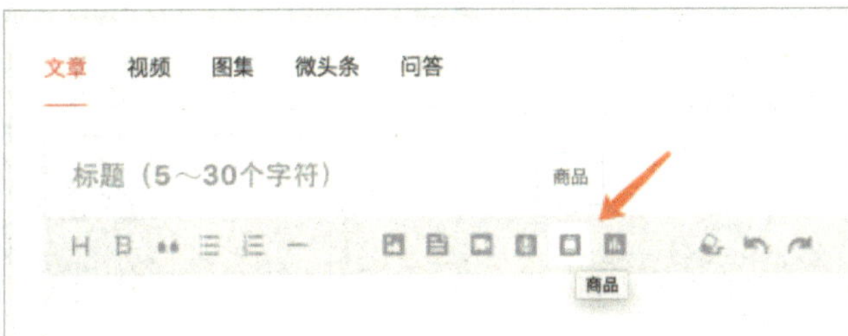

图 3-24 “商品”图标

点击“商品”，弹出添加商品提示框，如图 3-25 所示。填入已准备好的商品链接，系统将自动获取商品相关信息。现支持京东、天猫、淘宝等电商平台的商品链接。

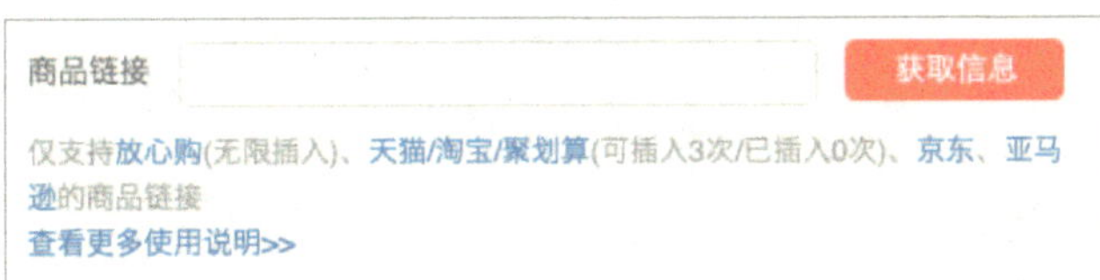

图 3-25 添加商品提示框

填入商品链接后，点击“获取信息”，若链接解析无误，可看到图 3-26 所示的信息。其中：标题可修改、售价可修改、图片可选择，修改完成后，点击

"添加商品"，所填入的链接下的商品信息即可插入文章中。

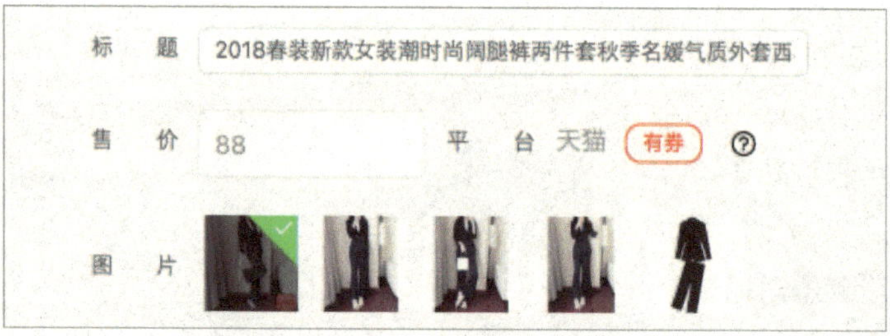

图 3-26 "获取信息"后的页面

插入的商品信息，无法修改，只可删除。可在发布框中根据需要调整商品的上下位置，如图 3-27 所示。

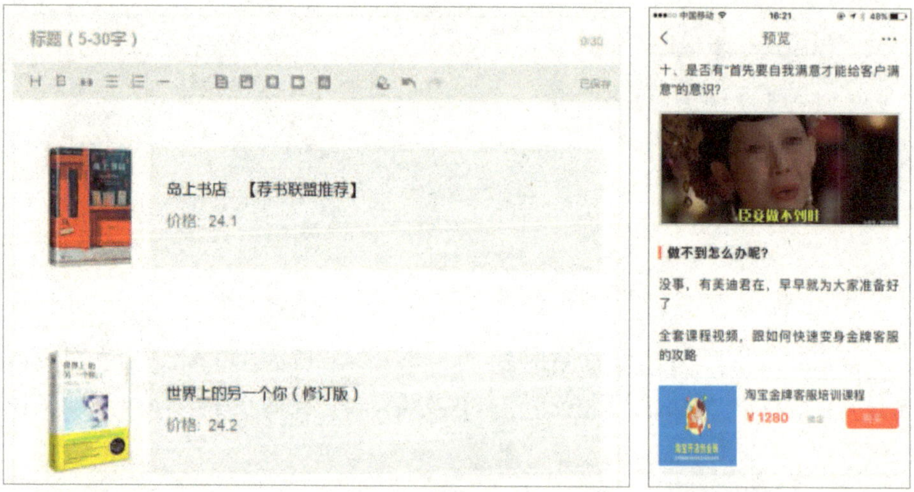

图 3-27 调整商品位置

四、原创标签

今日头条为鼓励更多的头条号作者坚持内容原创、提供更多的优质内容，推出原创标签功能。

1. 开通原创标签功能的头条号获得权益

① 对原创内容添加"原创"标记；

② 获得“赞赏”功能，可从文章用户那里获得额外收益；

③“千人万元”计划的入选者将从“原创”头条号中产生；

④ 可申请“原创保护”权限，在全网范围内对抄袭文章进行维权；

⑤ 头条广告的收益提高。

需要特别注意的是，如有不遵守平台规则，滥用“原创”功能的恶意和违规行为，一经发现或被举报，头条号平台将永久收回其“原创”功能，并据《头条号用户协议》做出处罚。

2. 开通原创标签功能的条件

① 已实名认证；

② 累计粉丝数达到 5 000；

③ 最近 30 天内，已发文 >10 篇；

④ 在已发布的内容中，原创比例超过图文分类总篇数的 70%；

⑤ 最近 30 天内没有“图文原创标签”的审核记录；

⑥ 无抄袭、发布不雅内容、违反国家有关政策法规等违规记录。

3. 申请原创标签功能

在头条号后台界面左侧菜单的“账号状态”申请开通“原创”功能如图 3-28 所示（若“原创”按钮显示为灰色，则意味着该头条号暂时不符合上述所列开通条件的至少一项，不满足的条件会标红）。

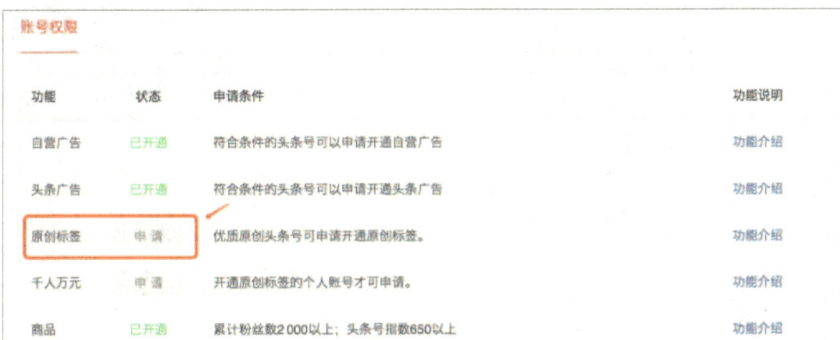

图 3-28　申请“原创”

开通之后，内容编辑页面会有“声明原创”的功能按钮，在发布内容时勾选“声明原创”即可为内容添加原创标签，如图 3-29 所示。

图 3-29 “声明原创”按钮

五、自定义菜单栏

为提高头条号的服务能力，方便用户快速地获取更多内容，头条号新出“自定义菜单”功能。账号设置“自定义菜单”后，用户可通过头条号主页底部的菜单项，跳转至对应的网页，如图 3-30 所示。

图 3-30 可跳转至对应网页

项目实训

1. 注册头条号账号，并熟悉头条号后台的功能操作与设置账号资料，运用头条号编辑文章内容并发布。

2. 仔细查看并了解一点号平台、企鹅号平台、大鱼号平台和网易号平台，分别注册账号并编辑文章内容发布。

项目总结

本项目主要介绍了今日头条运营与头条号后台操作。从今日头条规则入手，分析今日头条的个性化推荐系统，以及头条号文章发布流程，还讲解了头条号账号注册与资料设置，及后台常用的功能操作。针对今日头条平台的特性，分析了如何优化内容写作，如何开通头条号更多的账号功能权限和解锁头条号更多的玩法与内容变现的形式。

在学完今日头条运营之后，读者可举一反三运营相似的新媒体平台。与今日头条相似的新媒体平台还有一点号、企鹅号、大鱼号和网易号等，其后台操作与内容分发的个性化推荐机制大同小异，不同的地方在于平台的运营规范与后台功能。可通过各个平台的帮助中心做进一步的查阅。

Chapter 4

新浪微博运营

项目综述

公司的销售主管跟小林说，销售部做客户回访中，发现很多客户通过新浪微博了解到公司的产品后，再去他们的网络店铺购买产品。销售主管交代小林，要把公司的微博营销做好，加大微博的推广力度。但小林从未接触过微博营销，不知道从何下手，所以他找到了就职于新媒体代运营公司的朋友小陈，请教了一些问题，包括：微博营销的发展怎么样？该如何去注册和设置？要发哪些内容？怎么去获取用户？怎么去把公司微博推广出去？要是有一定的用户该怎么去引流或变现？小陈为他一一做了解答。

项目目标

通过本模块的学习，应达到的具体目标如下：

知识目标

- 学会新浪微博账号注册、资料设置与装修技巧
- 掌握新浪微博的内容制作与编辑
- 掌握新浪微博的粉丝获取方式
- 了解新浪微博的营销策略
- 掌握新浪微博的变现方式

技能目标

- 能够熟悉新浪微博的后台操作
- 学会新浪微博的内容编辑
- 掌握粉丝的获取方式与推广渠道
- 能够通过新浪微博进行变现

项目任务

任务一　微博运营意义与发展趋势

任务二　微博账号注册与资料设置

任务三　微博装修技巧

任务四　微博内容规划与编辑

任务五　微博营销推广实战

任务六　微博营销付费广告投放与优化

任务一 微博运营意义与发展趋势

情境导入

由于公司发展需要，小林不得不去摸索微博营销，但是小林不知道微博营销的开展能给公司带来多大经济效益。同时在微信月活跃用户都超过9亿的环境下，做微博营销会不会是一个得不偿失的行为。因此小陈建议他先对微博运营的意义做一个了解，主要从以下两个方面入手：微博的发展趋势、用户属性分析。

一、微博发展趋势

百度百科对微博（以下微博均指新浪微博）的解释是：微博是一个由新浪网推出，提供微型博客服务类的社交网站。用户可以通过网页、WAP页面、手机客户端、手机短信、彩信发布消息或上传图片。可以把微博理解为“微型博客”或者“一句话博客”。用户可以将看到的、听到的、想到的事情写成一句话，或发一张图片，通过电脑或者手机随时随地发送给朋友，一起分享、讨论。还可以关注朋友，即时看到朋友们发布的信息。

也就是说，微博是用户分享自己的生活、工作的点点滴滴与想法的平台。同时微博为了让更多用户能够一起讨论与分享各自的想法、汇聚不同的声音，推出了热门榜单、话题和微博内容转发的功能，因此微博具备了强大的事件传播性。很多事件都是早期通过微博不断地发酵，然后汇聚了各方的讨论与传播，变成了人人皆知的热门事件。

目前，微博领域新浪微博一家独大，因此现在人们常说的微博都泛指新浪微博，包括本书所指的微博均是新浪微博。

二、微博用户属性分析

平台的用户画像是我们决定是否在该平台开展营销活动的一个重要的依据。如果一个平台用户属性的大多数都吻合我们的目标客户人群，那这个平台将是我们需要着重去运营推广的，因为这是决定企业投入的推广成本能否收回的重要影响因素。

在微博数据中心于 2017 年 12 月发布的《2017 微博用户发展报告》中，有我们需要的用户属性分析数据，通过报告我们能准确地了解到微博用户人群属性。

1. 微博活跃用户数量

截至 2017 年 9 月，微博的月活跃用户数量为 3.76 亿，并且连续 5 个季度都呈现强劲的增长趋势。这意味着微博正在一步一步地复苏，其营销价值也在不断地体现出来，如图 4-1 所示。

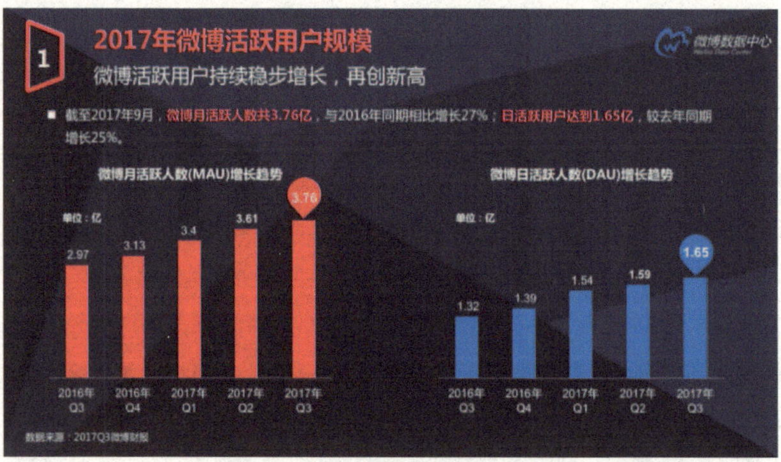

图 4-1　2017 微博活跃用户规模

2. 微博用户人群属性

微博 3.76 亿月活跃用户偏向年轻化，同时这部分用户是目前消费能力与需求较强劲的人群，也是乐意接受新事情的人群。因此微博凭借高质量的用户人群，吸引着很多企业纷纷加大微博营销的推广预算；也正是这部分人群让很多新品牌在微博中得到了曝光，获得知名度与销量转化，如图 4-2 所示。

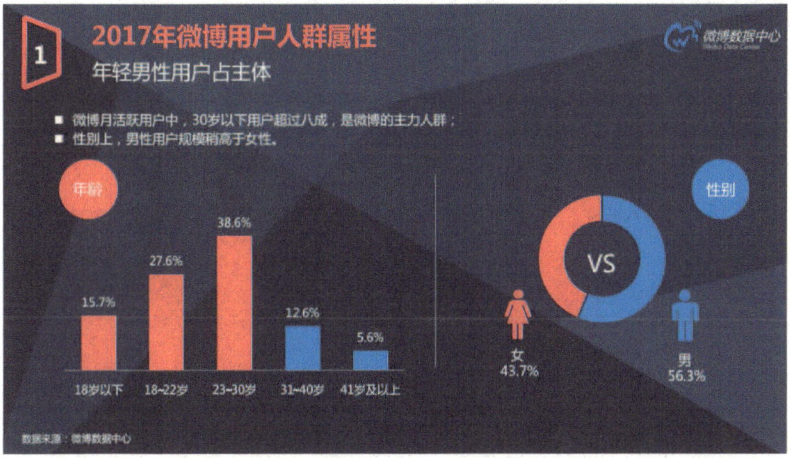

图 4-2　微博用户人群属性

3. 垂直化的内容领域

在微博的月阅读量超百亿的 25 个垂直领域中，生活类的内容占据多数。从这里我们能很明显地看出用户的使用习惯，在年轻化的用户人群中，微信偏向于工作需求与交流需求，而微博偏向于生活需求与娱乐需求。因此在以零售为主，并且用户人群偏年轻化的企业中，微博就成了新媒体营销的重要阵地，如图 4-3 所示。

图 4-3　微博月阅读量超百亿的 25 个垂直领域

4. 用户兴趣

报告中的微博用户主要兴趣分析可以辅助我们做微博营销的内容规划，并且清晰地告诉我们每一个内容领域的用户消费规模大小。但是不能盲目地按用户兴趣分布来选择微博的内容规划方向，还得结合企业的产品属性，如图 4-4 所示。

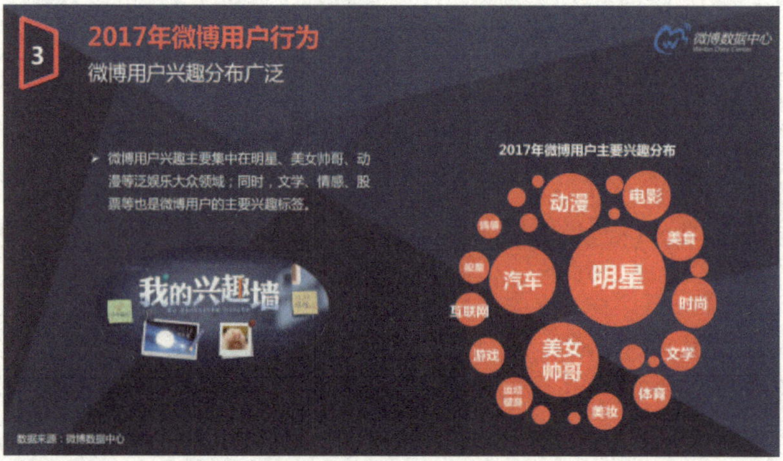

图 4-4　微博用户兴趣

通过以上 4 个维度的微博用户人群属性的分析，我们可以得出一个结论：微博的用户为年轻化、具备消费能力和乐意接受新鲜事物的人群，而且微博在这个人群中的市场占有率呈稳健的增长趋势。

任务二　微博账号注册与资料设置

情境导入

小林对微博营销进行深度的了解后，决定要将微博营销做好，可做好微博营销得先从哪些地方下手呢？小林突然感到有点迷茫，这时小陈建议他先让用户能在微博找到企业官方微博，即主要从以下 2 个方面开始做：注册微博账号、设置微博资料。

一、注册微博账号

1. 打开新浪微博网页版

图 4-5 所示为微博网页版截图。

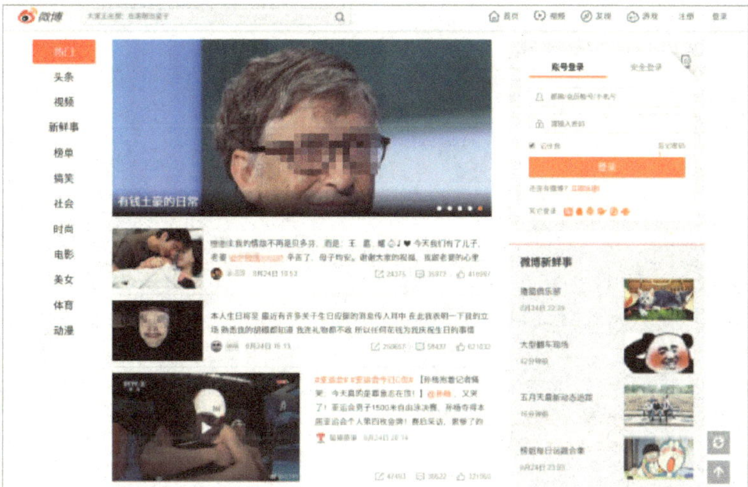

图 4-5　微博网页版截图

2. 注册页面

点击首页右上角的注册，进入注册页面填写资料，如图 4-6 所示。

图 4-6　注册页面

3. 选择注册类型

微博的账号类型分为个人账号与官方账号，官方注册页面如图 4-7 所示。个人账号指的是个人用户注册的账号；官方账号指的是政府、企业、媒体、网站、应用、机构、公益、校园组织等官方性质用户注册的账号，具有代表官方的权威性。

图 4-7　官方注册页面

如果注册时是个人账号，在注册完成后也可以通过微博认证的形式转为官方账号，如图 4-8 所示。

图 4-8　微博官方认证

4. 企业用户账号注册

① 填写没有注册过账号的邮箱或手机号码，如图 4-9 所示。

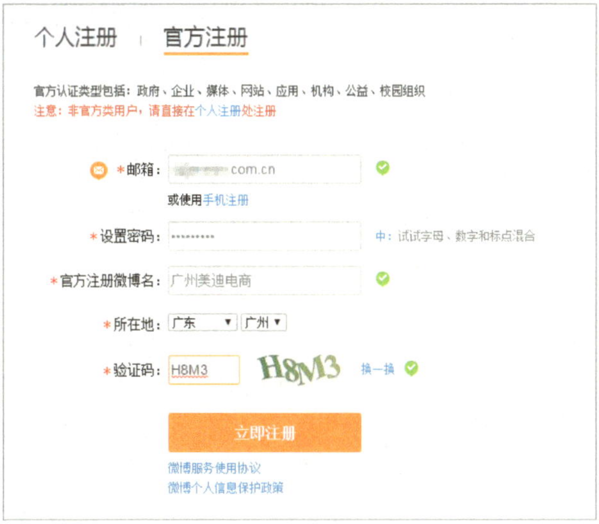

图 4-9　填写注册信息

② 进行企业认证：企业类型账号需认证后才可正式使用，如图 4-10 所示。

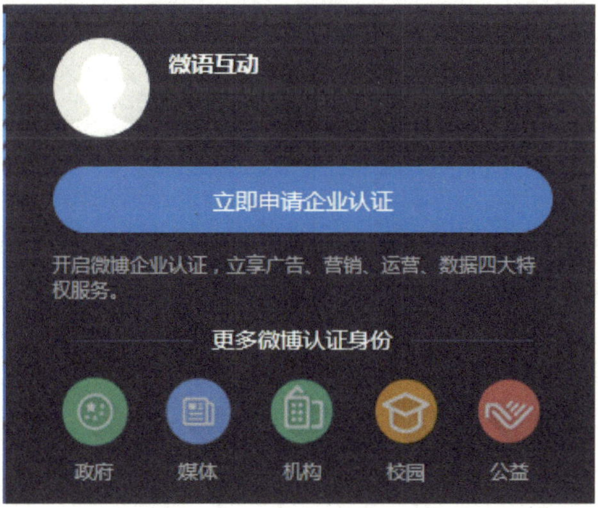

图 4-10　企业认证

③ 填写注册资料，如图 4-11 所示。

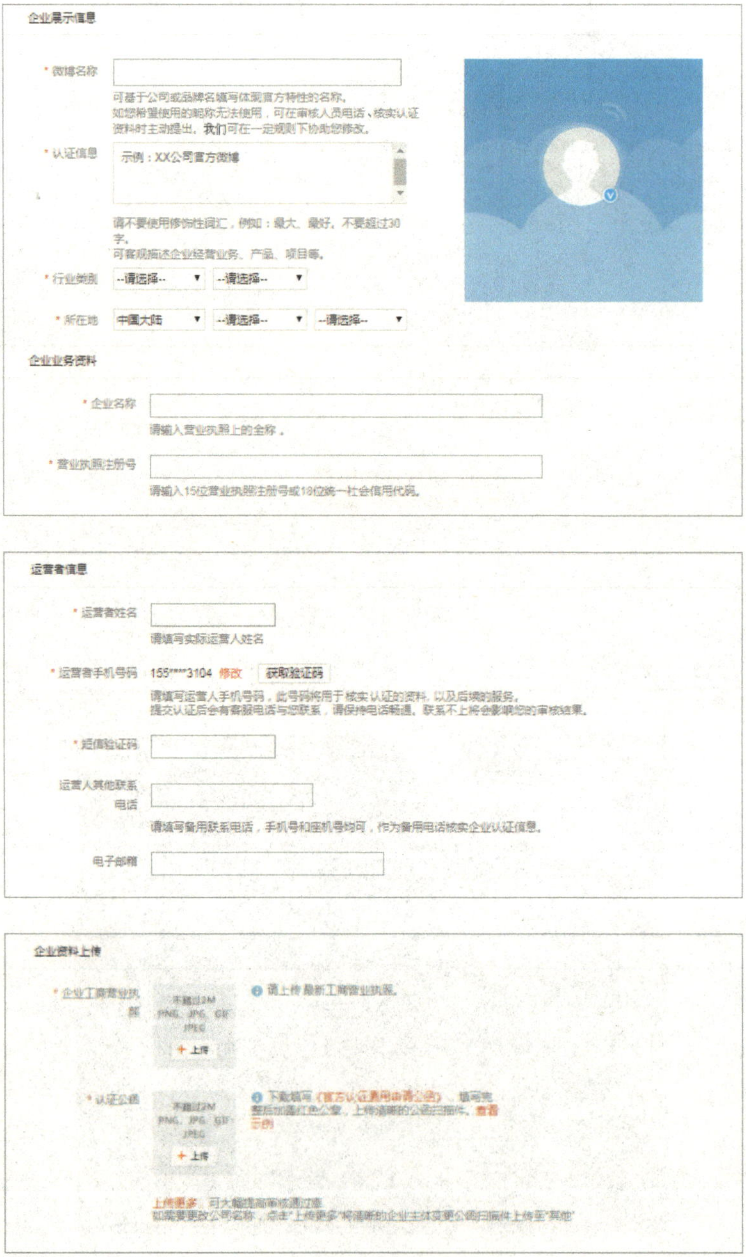

图 4-11　填写注册资料

④ 支付微博认证费用，如图 4-12 所示。

微博企业认证资料审核费用为 300 元 / 年，之后每年需要进行账号年审，费用也是 300 元 / 年。一般在 7 个工作日内会审核通过。如果资料缺乏，会有专门的客服人员电话核实，最后审核结果由微博小秘书私信通知。

图 4-12　支付认证费用

二、微博资料设置

1. 进入设置页面

点击主页的“设置”进入账号设置，如图 4-13 所示。

图 4-13　进入设置页面

微博的资料主要有两大部分，一部分是官方信息，包括微博昵称、微博资料、标签与个性域名；另一部分是微博头像，如图 4-14 所示。

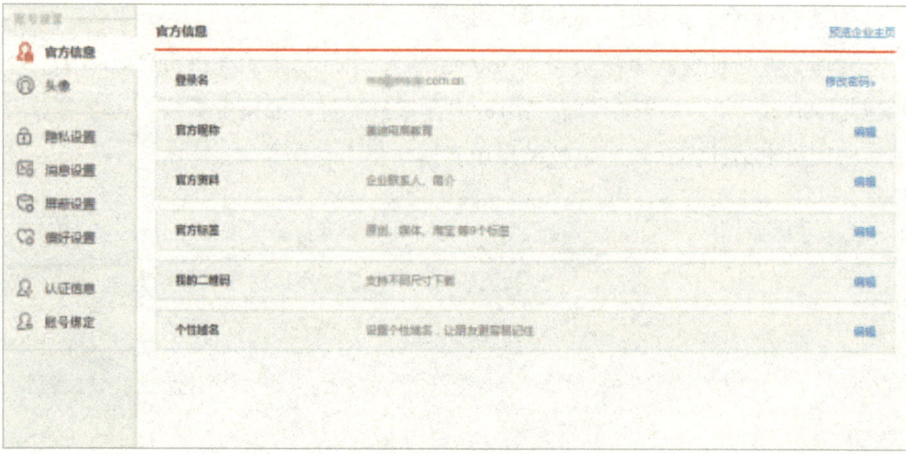

图 4-14　微博资料

2. 官方信息

①昵称

以简单、易记为原则，格式一般以“公司名+业务”为主，例如：小米手机、滴滴出行、摩拜单车等，如图 4-15 所示。

图 4-15　小米手机微博

②官方资料

资料由企业简介与基本信息两部分组成，其中简介会在微博主页中展示，其内容以企业介绍或宣传语为主，而基本信息则需要点击更多的才显示，如图 4-16 所示。

图 4-16　企业资料

③ 标签

标签的作用主要是归类账号，方便用户搜索寻找时，能准确、快速地找到相对应的账号。同时这也是获取微博粉丝的一个渠道，因此我们在设置标签时，要根据用户的搜索习惯来操作，如图 4-17 所示。

图 4-17　标签设置

3. 微博头像

头像是用户对你产生第一印象的重要来源，所以我们在设置头像时要根据账号的类型来。例如：个人类型的微博号，头像用本人的照片比较好；企业类型的微博号，头像就以企业或组织的 LOGO 为主。

在设置头像时，我们要注意头像的尺寸，一共有大、中、小三种尺寸。我们还需要注意，尽量让 LOGO 显示在头像的中间，并且能够把 LOGO 的内容完整显示出来，注意 LOGO 的清晰度，如图 4-18 所示。

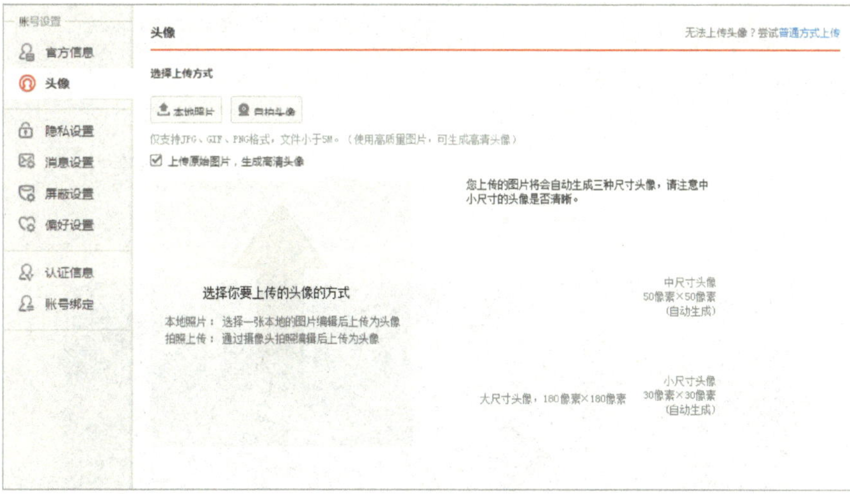

图 4-18　头像上传

任务三　微博装修技巧

情境导入

小林注册好账号与设置好资料之后，把微博链接发送给同事们关注。可同事们在进入微博主页关注时，觉得既然是公司官方微博，其主页就要装修得有档次，要能代表公司的品牌形象，才能吸引用户下单购买产品。这时小林又去请教小陈，如何把微博主页装修得能代表公司品牌形象，小陈建议他从这几个方面设置：友情链接、焦点图、封面图和背景图。

一、友情链接设置

友情链接的设置能让用户快速地进入企业的官网或是相关的网站，起到一种引流的效果，如图 4-19 所示。

设置路径：点击主页右上角微博名称，进入微博主页，再点击管理中心找到设置管理，最后是里面的资料设置子栏目，如图 4-20 所示。

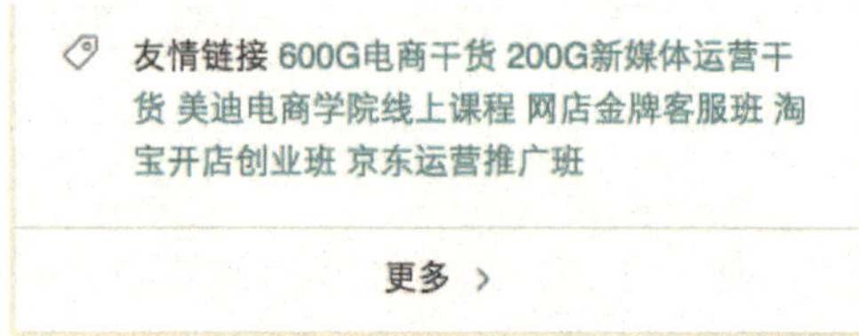

图 4-19　友情链接

图 4-20　资料设置子栏目

将所有与企业相关的网址全部放入友情链接中，设置好相对应的链接名称与网址。

二、焦点图设置

焦点图片位于微博的主页位置，如图 4-21 所示。焦点图片处于主页的正中间，位置很显眼。大多数进入微博主页的用户，都会点击图片跳转至与企业相关的网站进行了解。

图 4-21　焦点图片的位置

设置路径：与友情链接设置页面相同，如图 4-22 所示。

图 4-22　焦点设置页面

三、封面图和背景图设置

封面图和背景图都位于每一个粉丝进入微博主页必看到的位置，如图 4-23 所示。而且封面图和背景图都可以自定义设置，很多企业官微都将其作为产品展示或者引流渠道。

图 4-23　封面图和背景图

封面图的设置路径：点击封面图的右上角，会出现“上传封面图”的按钮，如图 4-24 所示，再选择图片即可。没有开通微博会员或不是企业认证的微博是不能上传自定义图片的，只能选用微博官方提供的图片。封面图的更换次数没有限制。

封面图的设计尺寸是 980 像素 ×300 像素。图片的内容可以是能代表企业形象的图片、企业热推的产品介绍、引流的二维码或网址等。

图 4-24　“上传封面图”入口

背景图的设置路径：点击背景图的右上角，一个像撕开的彩口缺口的位置，如图 4-25 所示，再选择图片上传即可。背景图的设置不受限制。

背景图的设计尺寸为 1280 像素 ×900 像素，如图 4-26 所示。图片主色调的选用与封面图的色调一致。一般背景图不放文字或其他的内容，若想放内容在背景图上，则要放在分别距离左右两侧 150 像素的位置，放在中间会被微博的内容挡住，展示方式要选择锁定。

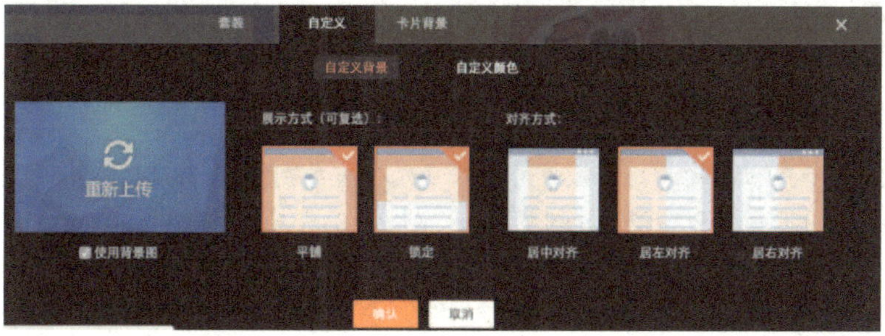

图 4-25 背景图设置

图 4-26 背景图设计尺寸

任务四 微博内容规划与编辑

情境导入

小林把微博营销的准备工作都完成后，接着要着手发微博内容。但这时小林很纠结，因为他发完第一条微博后，就要持续地更新微博内容，不然前期的付出都将白白浪费，可他不知道该发哪些内容比较好。小陈建议他要先做好微博内容的规划，不然混乱无序的内容无法吸引用户的关注，更起不到转化下单的效果，具体可从这几个方面入手：微博内容发布形式与技巧、发布频率与次数内容编辑技巧。

一、微博内容发布

1. 选择发布形式

微博内容的发布形式越来越支持多种方式。除了常规的文字和文字加图片以外，内容中还可以发布头条文章、视频、音频、投票、点评和直播等，如图 4-27 所示。

图 4-27　PC 端内容发布形式

微博的手机端 APP 的内容发布样式就更丰富了。其中最大亮点就是支持发布商品，直接链接跳转至各大电商平台，也可以运用微博橱窗进行商品的展示与销售，如图 4-28 所示。

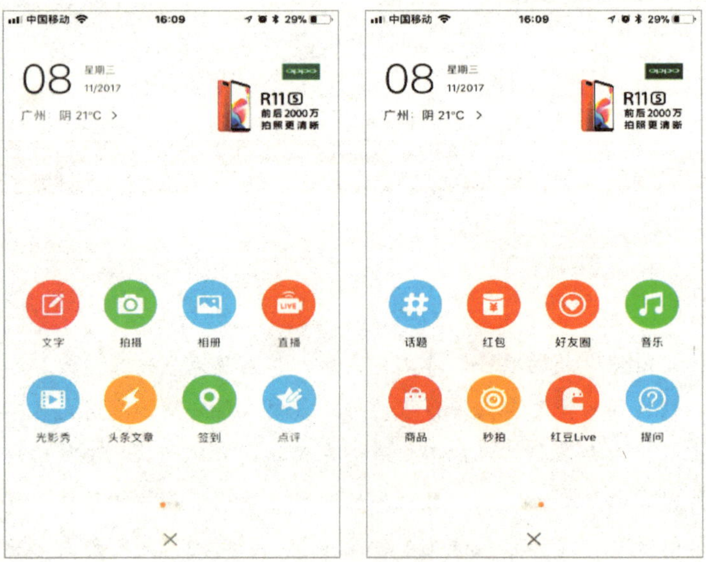

图 4-28　APP 端内容发布形式

2. 发布的技巧

虽然微博支持很多种内容的发布形式，但并不是每一种内容形式都深受用户的喜欢。根据微博数据中心于 2017 年 9 月发布的《2017 微博用户发展报告》可知，如图 4-29 所示，微博用户阅读内容的习惯主要还是以文字加图片、文字加链接、文字加视频和文字加音乐为主。

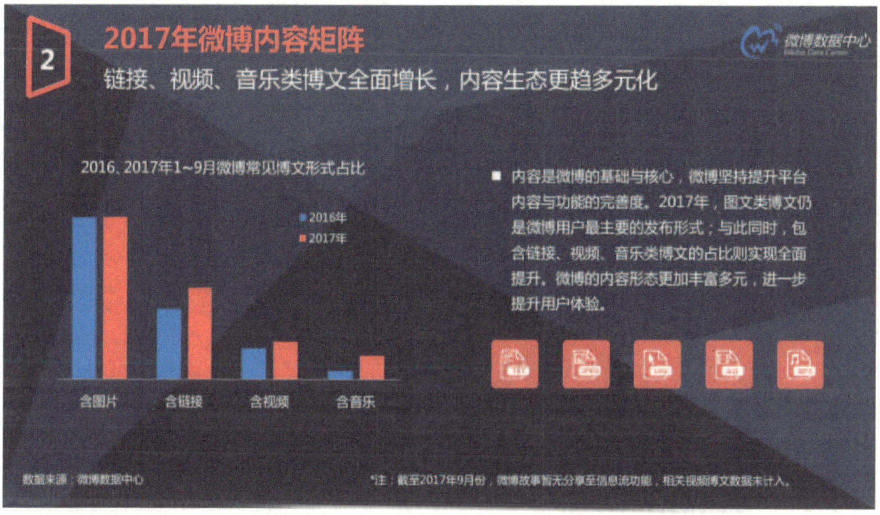

图 4-29 《微博用户发展报告》部分内容

微博已经突破了只支持发布 140 个字以内的文字的界限，现在用户可以发布超过 140 字的长微博，并且超过的部分会折叠起来，点击“展开全文”就会全部显示出来，如图 4-30 所示。

图 4-30 超过 140 字的长微博

3. 内容发布注意事项

由于微博的开放性与易传播性，在发布微博内容时，要注意内容是否会触及相关的法律，是否会影响企业的品牌形象，更要注意做好账号的管理。在发布微博之前还要检查当前登录的账号信息，因为经常会有微博运营人员将个人的内容发布至企业官方微博上去，从而导致企业品牌受损。

发布之前，需要对所编辑好的内容做不低于三遍的检查，对错别字、表达方式与语气、形容词等进行检查。

二、微博内容的更新频率与时间分布

1. 微博用户的阅读习惯

《2017 微博用户发展报告》显示，微博月活跃用户已经有 92% 来自手机移动端 APP。也就是说，我们了解微博用户的阅读习惯，只需要了解微博 APP 中微博内容呈现的方式即可。在微博的 APP 中，用户浏览内容主要是通过关注与热门这两个版块，如图 4-31 所示。

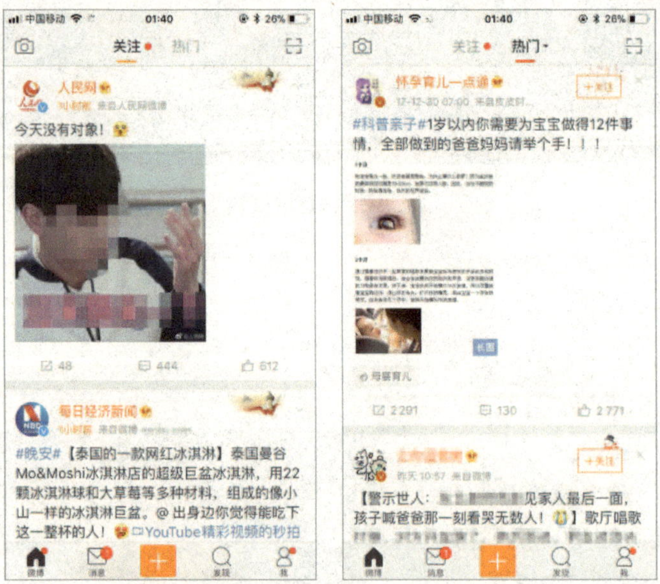

图 4-31　关注与热门版块

关注版块的微博内容，主要来自于用户关注的微博账号所发布的内容，并以发布时间的先后做一个排序，即从用户刷新微博的时刻开始，最新发布的微博内容排列在最上方。例如：小 A 分别关注了人民网、央视网、人民日报三个微博，而这三个微博的最新内容发布时间距离小 A 刷新微博的时间分别为：0.5 小时、10 分钟、2 个小时。那么小 A 在刷新微博后，先看到央视网的内容，往下拉页面，再依次出现人民网的内容和人民日报的内容。

热门版块的微博内容，来自于微博系统的推送。也就是说，热门版块的内容更多的是没有关注的微博账号所发布的，分别是热门分类与榜单两大分类的内容。

首先系统会根据微博内容的用户互动热度（评论、点赞、转发等）进行内容的识别与收录，再分类推送至用户的热门版块。

微博用户的阅读习惯是筛选式的，大脑会过滤用户不感兴趣的内容，不断地往下获取内容。当有内容吸引用户的眼球时，用户才会停下来详细地阅读内容。同时内容只推送至离用户刷新时间最近的那一段时间的。

据不权威调查，微博用户阅读博文内容的时间平均为 1~3 秒。

2. 微博内容更新频率与时间

根据微博用户的阅读习惯，做内容规划时，需要确定发布的频率。一般建议微博内容的更新频率为：初期在粉丝量不多的情况下，一天更新 1~3 条内容；中期在具备一定粉丝量的情况下，一天更新 3~5 条内容；后期拥有大量的粉丝时，一天更新 5~10 条内容。

根据微博的内容排列顺序，建议内容的更新在不同的时间段进行，并且选择微博用户活跃的时间段。不同人群的活跃时间不同，根据用户的生活习惯来推算即可。

在李开复老师编写的《微博：改变一切》书中，提到人们每天上网看新鲜事物的时间通常比较趋向于几个集中的时间段：上午 9:30~12:00、下午 3:30~5:30、晚上 8:30~11:30，这几个时间段就是发微博的黄金时间段。按照在线用户的活跃程度来排序，一般是晚上活跃用户最多，上午其次，下午稍少一些。

三、微博内容的编辑技巧

微博内容的字数虽说比较少，但要想在 1~3 秒内吸引用户的注意力，并让用户详细地阅读内容，就要注意掌握很多编辑技巧。通过微博自家的官方账号

“企业微博助理”发布的这条微博，我们可以了解到一条微博中要包括以下几部分的内容，其对应图 4-32 所示的序号分别是：1. 微博话题；2. 小标题；3. 微博正文；4. 链接；5. 配图。

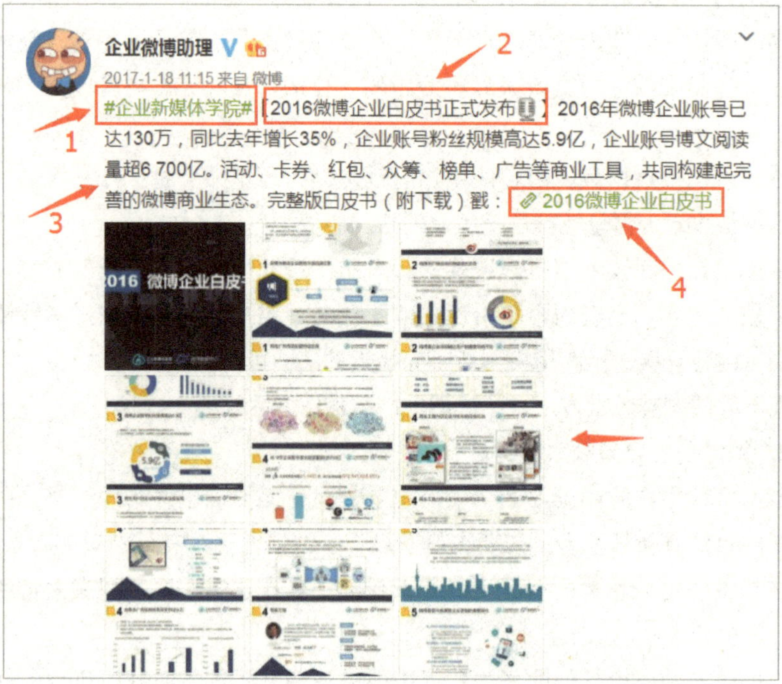

图 4-32　一条微博要包含的内容

1. 添加微博话题

话题是微博上的热点、个人兴趣、网友讨论等内容的专题聚合页面，是微博中最重要的一种兴趣主页。微博用户可以进入话题参与讨论，同时话题页面会自动收录含有讨论话题词的相关微博。

因此早期在我们粉丝量不多的情况下，可以在微博内容中添加热门话题来蹭热度，增加内容的曝光量，也能起到吸引粉丝关注的效果。

① 寻找热门话题排行榜并添加

在微博网页版的页面右边的热门话题处，点击查看更多即可进入到话题排行榜与话题分类，如图 4-33 所示。

图 4-33　热门话题

根据产品的目标受众人群与微博内容的相关性，进行话题的筛选，再复制话题至微博内容编辑页面中。

② 发起并主持话题

在微博粉丝量较多的情况下，或者是有热门事件时，我们也能自己发起并主持话题。这样的好处就在于，我们能够在话题页面中进行引流、产品曝光等，如图 4-34 所示。话题主持人可以在以下位置去编辑内容：话题的头像、话题导语、主持人推荐微博、话题主持人的微博账号关注。话题能聚集大量的流量，这对企业宣传、账号推广引流都有非常大的帮助。

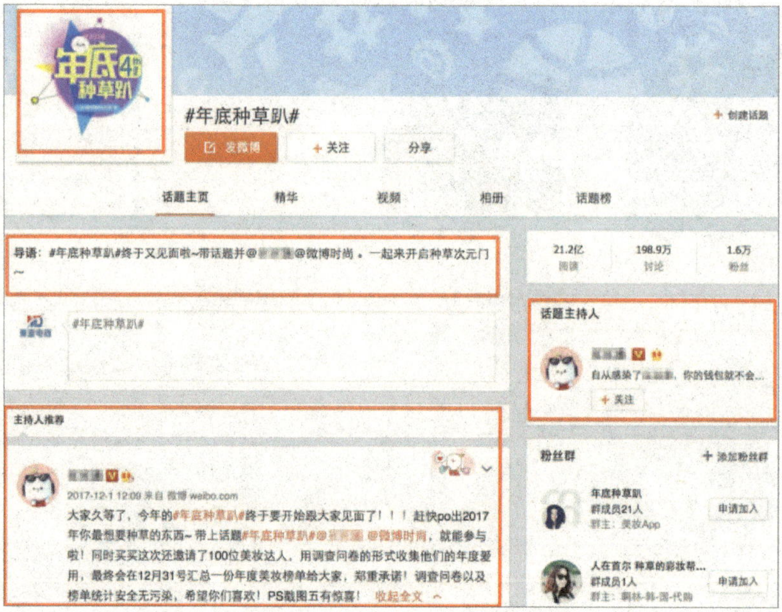

图 4-34　发起并主持话题

发起话题直接是在微博内容的编辑页面中，点击“话题”，输入你想发起的话题名字，然后发布微博内容成功就是发布话题成功。如图 4-35 所示。

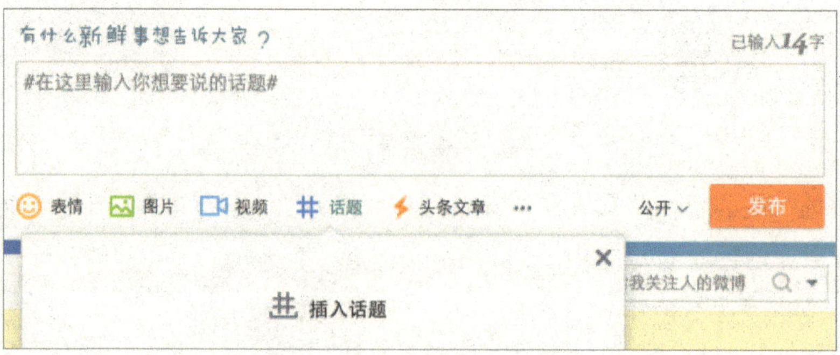

图 4-35　插入话题

发起话题成功后，在热门话题的右边可以看到你发起的话题内容，如图4-36所示。点击进入即可对话题进行管理与设置资料。

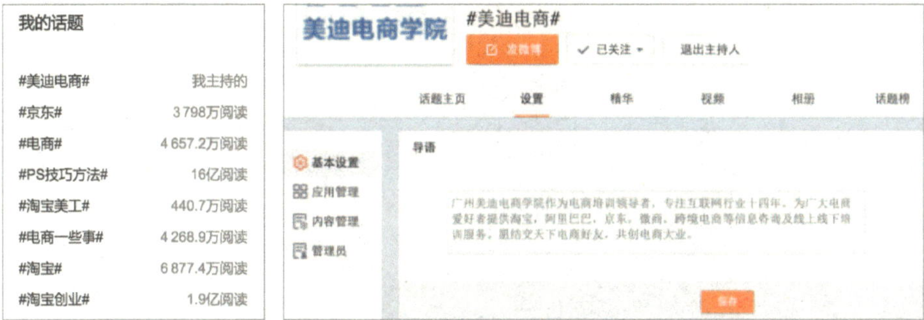

图 4-36　发起的话题内容

2. 微博话题运营推广

话题的发起是比较容易的，但是要让这个话题能给企业带来效应，就得花费时间和精力运营好这个话题。通常我们采用以下几种方法来运营好话题。

① 形成“互动场”

话题的一大优势就是能帮助企业形成一个“互动场”，这个“场”形成的关键点在于：给用户一个互动切入点，让用户知道应该带话题发什么。话题的互动性要强，要让用户爱玩，同时参与门槛要低，这样才能让用户积极参与。

② 形成固定栏目

对于日常运营中经常发的某类内容，可以单独设置一个话题，相当于官微的一个“固定栏目”。这样可以增加此类内容的辨识度，吸引兴趣用户进入话题页查看内容及互动，如图4-37所示。

③ 话题结合活动

带话题转发的抽奖活动带来二次传播的同时，也让话题得到更多曝光，为话题积累人气和互动，如图4-38所示。

图 4-37　固定栏目

图 4-38　带转发的抽奖活动

④ 晒单话题

对于电商类企业，可以将买家的晒单微博聚合在一个话题里。潜在买家可以在话题里看到商品晒单和评价，这样可以提升企业的信任度，增加转化成单量，如图 4-39 所示。

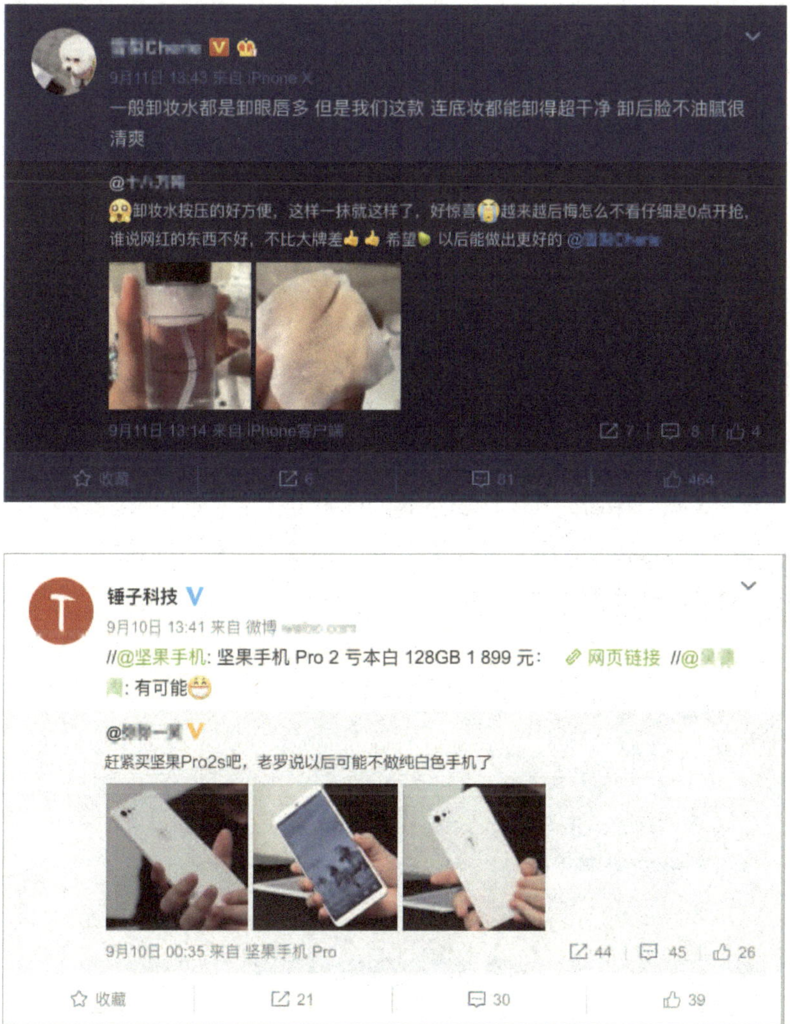

图 4-39　带晒单的话题

⑤ 借势热点话题

对于热点事件、节日等，都会有相关话题。企业可以借势热点话题增加微博互动和曝光，注意不要借热门话题发布与该话题无关的内容，如图 4-40 所示。

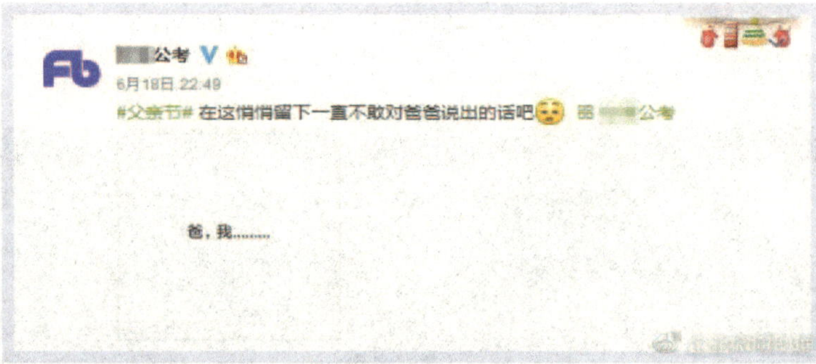

图 4-40　与话题无关的内容示例

3. 小标题

由于微博用户阅读内容的速度很快，想在短时间内吸引用户的注意力，我们就得把微博内容做一个提炼，把重点、有吸引力的内容用【 】括起来。

4. 微博正文

正文就是我们详细、具体地表达的微博内容，以及描述发生的事情等。正文中提及相关的人物时，我们可以使用 @ + 他的微博账号来提醒他，提醒他查看并转发微博，如图 4-41 所示。

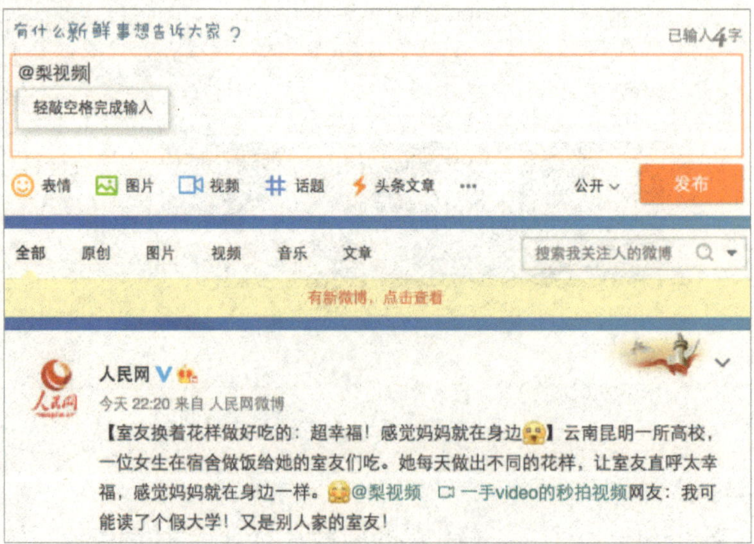

图 4-41　@ 相关人物的微博账号

5. 网页链接

当需要把微博的用户引流到其他平台时，或者是内容需要换一种方式来呈现时，我们就可以用链接来做一个跳转。微博的链接具有超链接的功能，我们只需要把完整的网址放进内容的编辑框中。当我们把微博内容发布出去后，网址会自动隐藏起来，进而显示中文的“网页链接”，如图 4-42 所示。

图 4-42　“网页链接”

6. 配图

微博内容配图是一件非常重要的事情。因为图片能够更快、更形象地向用户传递我们想表达的内容，同时也能降低用户阅读的困难，所以一条好的微博如果配上合适的图片，会极大增强微博内容的点击量、转发量等。

配图可以选择单图、多图（最多 9 张）、拼图（最多拼 9 张）三种形式。如果我们想拼图超过 9 张，就得借助其他的图片处理软件了，例如：PS、美图秀秀等。

配图时要注意图文相符，因为在一定的意义上，图片用于辅助文字做进一步的解说或证明。

任务五 微博营销推广实战

情境导入

小林按着小陈建议的方式每天坚持找素材，用心地编辑内容和定时地发布内容。公司的销售主管表扬了小林，因为自从开展微博营销以后，每天都会有不少的用户到公司网络店铺购买产品。公司希望小林能加大推广力度，挖掘更多的潜在客户出来，提高网络店铺的产品销量。这时小林找来了小陈帮忙出谋划策，小陈建议他主动出击，先通过免费推广渠道吸引更多的用户去关注微博，再通过内容转化这些潜在用户，具体可从这几个方面着手：直播、短视频、热门话题、有奖活动。

一、直播

从 2015 年以来，直播开始慢慢地进入大家的生活中，特别是 2016 年，可以说是直播的爆发期。各大直播平台井喷式地发展，是因为直播能给用户带来现场实时互动，同时也能拉进与用户的距离。

一直播平台与微博开展了深度的合作，打通了直播与微博之间的接口。主播只要通过一直播平台进行直播，就可以把链接分享至微博页面中，如图 4-43 所示。用户不需要再下载一直播的 APP，可以直接通过微博观看直播，这可是一个活跃微博粉丝的绝佳方法。

在一直播 APP 上的用户关注一个主播的同时，也关注了该主播的微博，也就是说，两者之间的粉丝是互通的。并且在直播的过程中，系统会把主播推荐给更多的用户，随着直播观看人数与互动人数的增加，推荐的用户数会越来越多。所以针对获取微博粉丝来说，直播将是效果特别明显的渠道。

在直播的过程中，主播可以通过互动的形式让用户来关注主播，这样就形成了一个非常好的闭环，在直播上获取粉丝，在微博上维护粉丝，再通过引流电商平台转化粉丝。

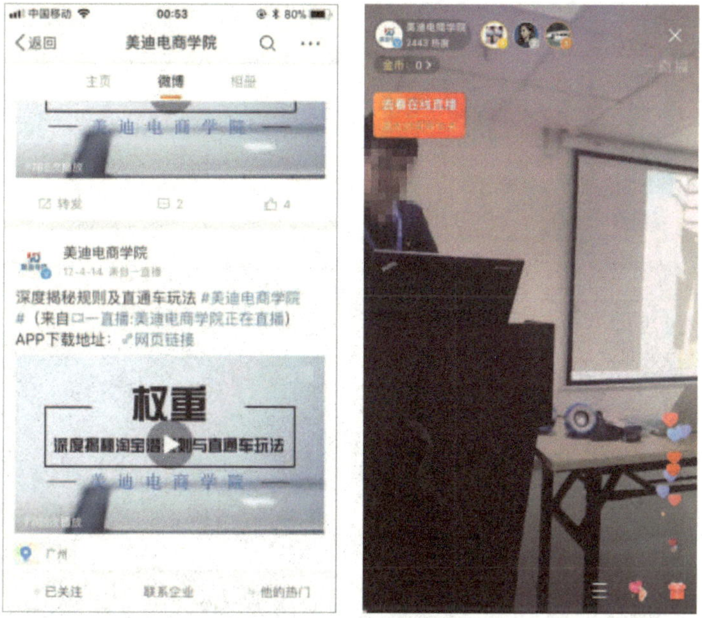

图 4-43　在微博分享直播链接

直播的操作也非常简单。只需要有一部手机，下载一直播的 APP，绑定微博账号进行实名认证，即可以开始直播，再将直播分享至微博。

二、短视频

伴随着无线网络的全面覆盖与上网流量费用的降低，短视频越来越受用户的喜爱。这得益于短视频能更加真实地还原与呈现内容给用户观看，其真实性、感观性是文字和图片都无可比拟的。

所以我们也能拍摄短视频，制作与加工精品视频，通过发布它们到微博来获取粉丝，例如 papi 酱通过短视频获得了大量的粉丝，如图 4-44 所示。

除了直接发布短视频到微博以外，还可以在其他的短视频平台发布视频再引流至微博，例如：美拍、火山小视频、西瓜视频等。

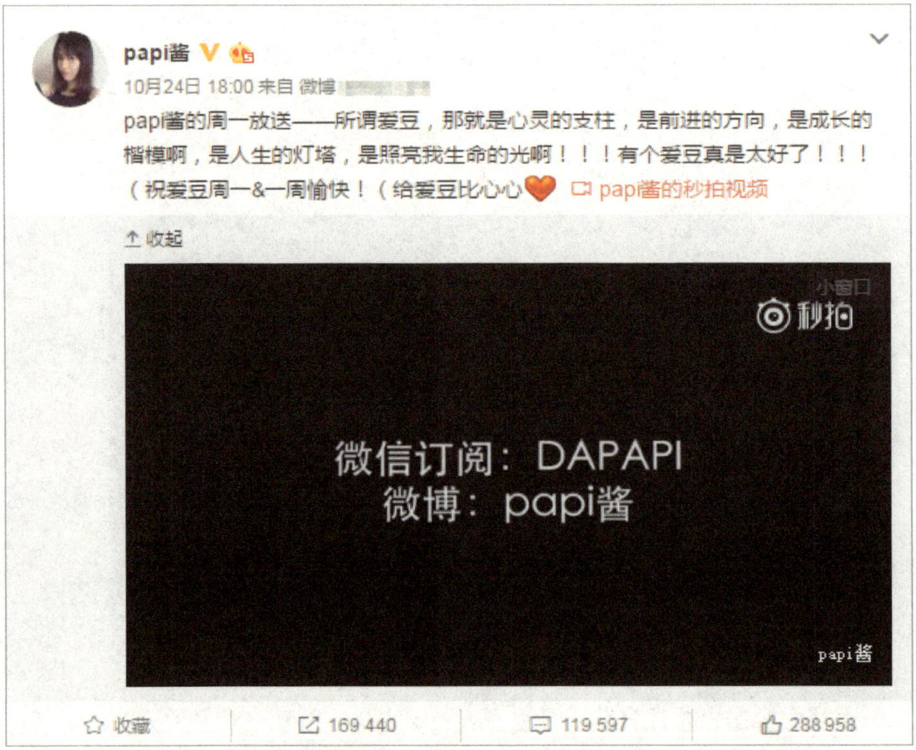

图 4-44　papi 酱的微博

三、热门话题

在微博上，每天都会有各种各样的热门话题吸引着用户的注意力，特别是微博热搜榜，很多微博用户会通过搜索热搜榜的话题，来了解事情的发展。因此我们可以发表与热门话题结合的图文、视频和文章等，并给出自己的分析、自己对事件的看法等。

如果我们所发表的观点或看法足够吸引用户的阅读或争议的话，就会产生大量的转发并且给微博账号带来大量的粉丝关注。

四、有奖活动

通过微博的有奖活动增粉已是企业官微增粉的必选之策了，主要是因为有奖活动对于企业来说成本低、时间短、增粉效果明显。

微博的有奖活动是通过免费赠送奖品的形式，吸引用户进行关注、转发、点赞等互动行为，并将这些互动行为作为参与抽奖的条件，最后在规定的时间通过微博官方抽奖平台进行抽奖与公布获奖名单，如图 4-45 所示。

图 4-45　企业的有奖活动

1. 确定的赠送奖品

奖品选择对于活动效果起到至关重要的作用，包括能否吸引粉丝参与到活动中来，能否让粉丝达到相对应的要求。所以奖品选择应尽可能地根据用户的需求来考虑，还得考虑能否吸引来精准、有效的粉丝。

因此选择的奖品较多是企业自身的产品，或者是周边的产品，或者是具备一定价值但企业能以较低成本获取的产品。

2. 清晰的参与规则

活动参与规则的制定首先要考虑企业的营销目的，即企业想要达成怎样的效果，获得什么。例如：如果企业需要增粉，那活动参与规则就要要求参与者转发微博并加关注。

其次要考虑微博官方平台支持哪些抽奖条件。在微博官方抽奖平台中，免费的抽奖条件是：转发微博并 @ 一个好友。付费的抽奖条件是需要开通商业服务包，分别为中级商业服务包 5 000 元 / 年、高级商业服务包 9 800 元 / 年。这两种商业服务包对应支持的抽奖条件如图 4-46 所示。

抽奖平台特权	基础认证	中级商业服务包	高级商业服务包
奖品类型	实物/虚拟	实物/虚拟/现金	实物/虚拟/现金
抽奖条件 - @好友	1个	3个	3个
抽奖条件 - 参与方式	转发中抽取	转发中抽取	转/评/赞中抽取
过滤垃圾用户	普通过滤	深度过滤	深度过滤
抽奖条件 - 关注我 Hot	×	✓	✓
抽奖条件 - 命中关键词	×	✓	✓
定时抽奖	×	✓	✓
数据分析	×	✓	✓
自动报备	×	✓	✓
抽奖条件 - 同时关注	×	×	✓
抽奖条件 - 特别关注	×	×	✓
抽奖条件 - 限定地域	×	×	✓

图 4-46　商业服务包对应支持的抽奖条件

3. 编写微博有奖活动文案

在确定了活动奖品与活动参与规则后，就需要编辑活动文案，其形式以文字加图片为主。其中文字主要是描述活动背景、活动奖品、活动参与规则等，切记表达要清晰、简单，特别是活动参与规则，字数尽量控制在 100 字以内。

文案的配图可以是活动宣传海报、产品宣传海报或者奖品图片，要求设计美观、清晰并且图片尺寸统一即可，如图 4-47 所示。

4. 微博官方抽奖平台设置

官方的抽奖平台不需要提前设置好奖品、中奖名额等信息，只需要等到开奖时间后再去平台操作开奖即可。

具体操作是：打开微博主页的管理中心，点开左边功能栏里面的营销推广。再点击抽奖中心，选择需要抽奖的微博内容，如图 4-48 所示。

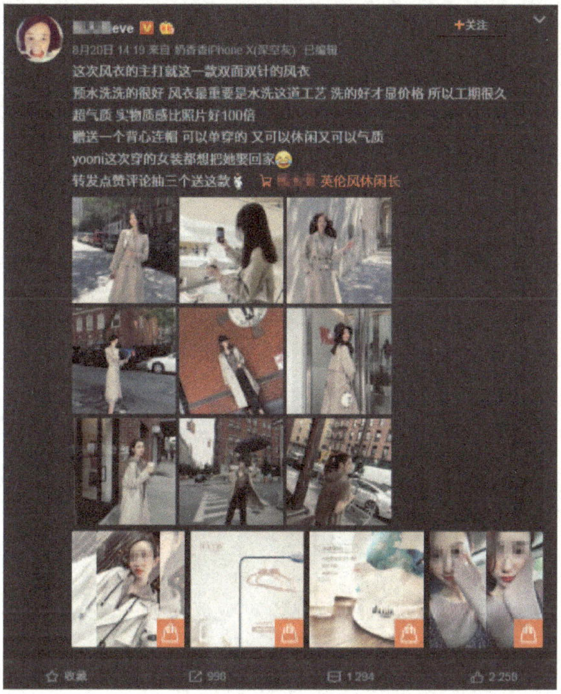

图 4-47　文案的配图

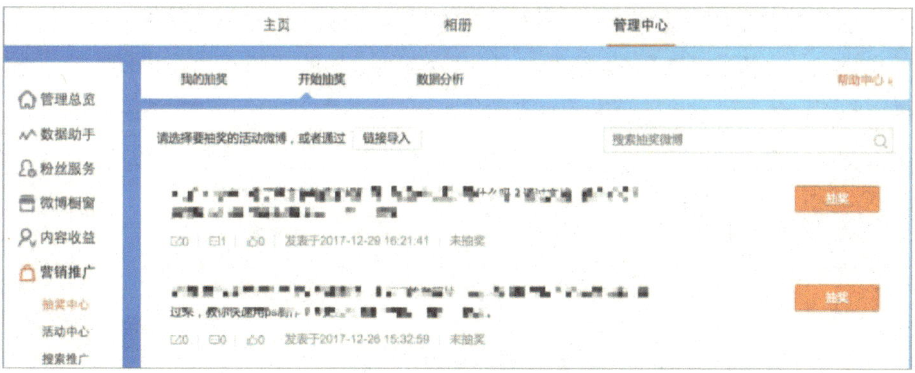

图 4-48　抽奖平台设置

再设置奖品与抽奖的规则，如图 4-49 所示。

需要注意的一点是，我们抽奖完成后，用户怎么知道自己有没有中奖呢？或者说怎么知道企业有没有把奖品送出去呢？

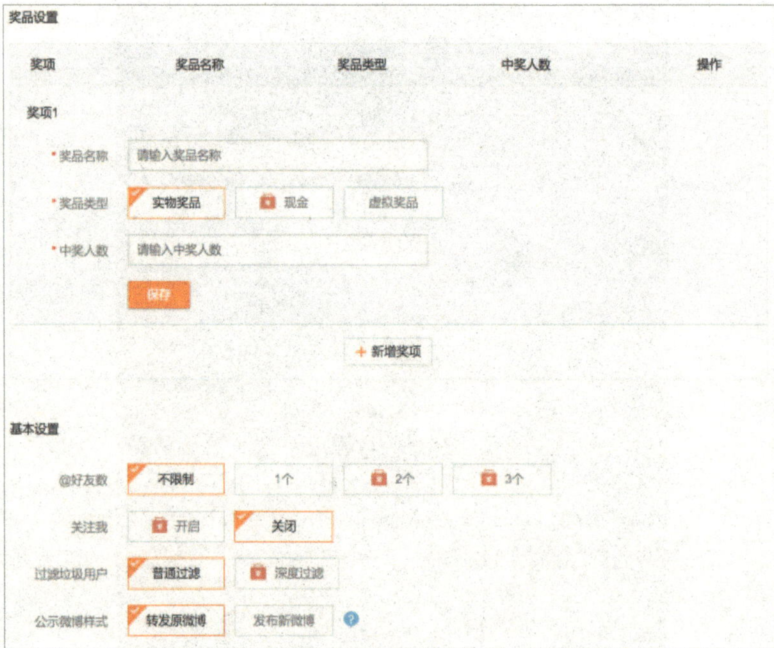

图 4-49　设置奖品与抽奖规则

这个可以在我们的公示微博样式里面选择，可以是由官方抽奖平台帮我们转发原微博并把中奖名单与 @ 相对应的微博账号附在转发内容里面公示，或者帮忙发布一条新微博把中奖名单与 @ 相对应的微博账号附在内容里面公示，如图 4-50 所示。

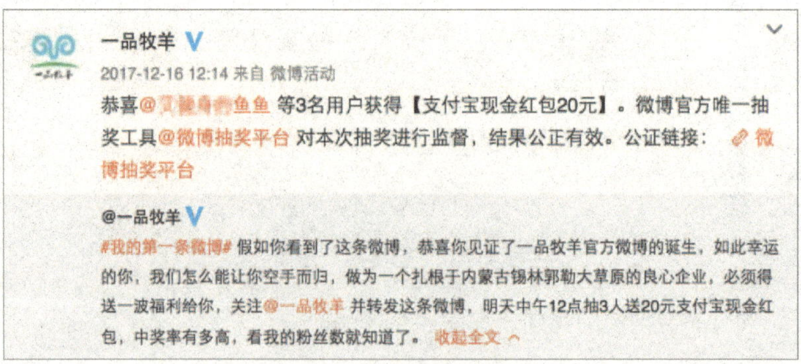

图 4-50　公示微博样式

因此微博官方的抽奖平台是很公平、很权威的，这也是微博抽奖活动能真正地给企业带来效益的原因。

任务六 微博营销付费广告投放与优化

情境导入

随着小林在微博营销的深耕与用心运营，公司的网络店铺从微博上引流过来的客户越来越多，给公司带来了很大一部分营收。因此公司想再加大推广力度，给小林划拨推广经费，让小林在微博上投放广告，从而提高网络店铺的销售业绩。但对于没有做过付费推广的小林来说，这可是一件头痛的事情，他很担心投了钱进去，却一点效果都没有。这时小林找来了小陈帮忙想办法，小陈建议他先从熟悉以下这几个方面入手：微博付费推广渠道与付费方式、付费广告投放账号开通、广告投放流程。

一、微博付费推广渠道与付费方式

微博为企业和个人用户推出付费推广服务，即只要支付广告费用，微博平台就把相对应的微博内容推送至我们选定的用户人群，达到曝光与转化的效果。

付费广告展示的位置分别位于微博移动端的关注和热门两个版块的信息流中，如图 4-51 所示。微博内容的左上角会出现广告的字样（截图中未显示，具体见 APP）。

电脑端的广告展示位置也位于微博首页的信息流中，同样在微博内容的左上角会有广告字样，如图 4-52 所示。

当我们想要做付费推广时，就可以通过微博里面的两个功能提交内容与支付费用，这两个功能分别是粉丝头条和微博广告中心。

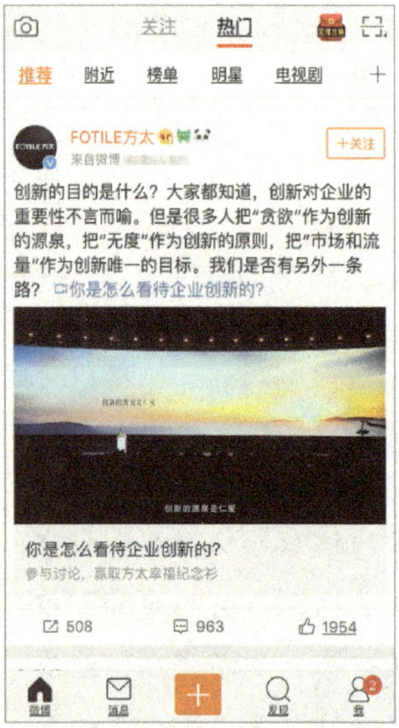

图 4-51　付费广告（APP 端）

图 4-52　付费广告（PC 端）

1. 粉丝头条

粉丝头条是新浪微博官方推出的初量级推广产品。当某条微博使用粉丝头条后，在 24 小时内，它将出现在关注该微博账号的粉丝微博的首页第一位，如图 4-53 所示。微博内容的左上角就会出现一个“粉丝头条”的字样。

图 4-53　使用粉丝头条的某条微博

当我们有重要信息要发布时，又不希望我们的粉丝错过而没有看到这条信息，就可以通过使用粉丝头条来解决这个问题。

不管是企业账号还是个人账号，都可以很方便地使用粉丝头条。只需选择一条已发送成功的微博，点击粉丝头条推广，支付费用即可开始进行推广。

如果是电脑端的微博，在要推广的微博下面会有一个“推广”的按钮，点击可以进行粉丝头条的投放设置，如图 4-54 所示。

图 4-54　PC 端粉丝头条的投放设置

微博移动端的粉丝头条功能的入口，是个人主页里面的“粉丝头条”功能按钮，点击它即可进入选择要推广的微博内容，并设置投放的要求，如图 4-55 所示。

图 4-55　APP 端粉丝头条的投放设置

如果账号的粉丝数量比较少的话，在投放粉丝头条时还可以再推广给其他的潜在用户。这些潜在用户是由新浪微博系统根据该账号类型进行判定的，而且粉丝头条的推广费用是根据该账号的粉丝数量与投放的潜在用户数量来决定的，这个价格是动态的，没有明确的计费方式。

2. 微博广告中心

由于粉丝头条中不能自定义选择投放的目标用户人群，以及控制每一条广告的出价与费用，所以还可以选择微博付费推广的另一个方式——微博广告中心，它将解决这些问题。除了功能更全面外，微博广告中心的账号开通和操作流程也比较复杂。

微博广告中心的操作与设置只能在电脑端进行。在微博主页管理中心里面的营销推广，点击广告中心即可进行，也可以通过相应的网址进入。

微博广告中心的计费有两种方式，分别为：按照微博在用户信息流中曝光人次进行计费，按照发生的有效互动计费，其中有效互动是指转发、点击链接、点关注、收藏、赞。

二、付费广告投放账号开通

1. 开户申请

在微博广告中心投放广告之前，需要填写账号资料做开户申请，如图 4-56 所示。微博支持企业与个人的账号申请，如果账号已做过蓝 V 企业认证的话，就可以省去账号申请注册的步骤。

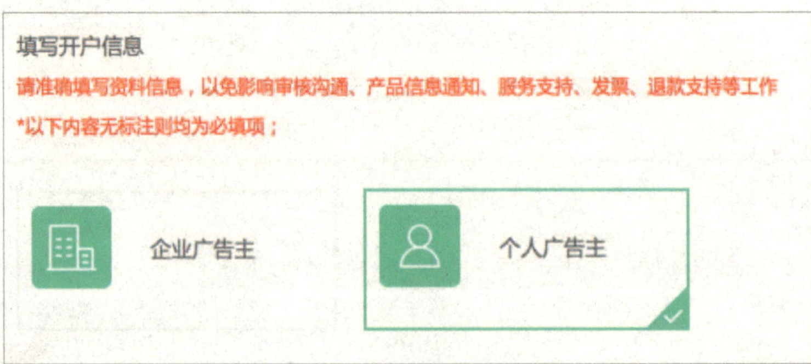

图 4-56　开户申请

2. 投放账号充值

微博账号充值的最低费用为 3 000 元，充值金额可以分多次花费，每一次广告投放的最低花费为 50 元，费用充值后不可进行提现，如图 4-57 所示。

图 4-57　账号充值

三、广告投放流程

进入微博广告中心的后台，点击新建广告即可开始广告投放设置。

1. 广告类型

也就是我们要选择投放广告的目的，根据我们想要达成的转化效果来进行选择，一共 9 种类型，如图 4-58 所示。

2. 广告受众人群

我们可以根据推广产品的不同，在设置广告计划时找准相关粉丝，如图 4-59 所示。可以在自己的官微粉丝和相似粉丝中进行，还能按照地域、性别、年龄等属性进行选择。组合多种方式，找到最精准的目标用户，并将广告向其覆盖。不同的广告投放给不同人群，靶向性地“找对人”。

同时我们可以通过粉丝通数据中心的排序，将互动最好的账号找出来，可据此随时对投放对象进行优化。这样就能对指定账号精准投放广告，并通过账号互动排名持续优化。

图 4-58　广告类型

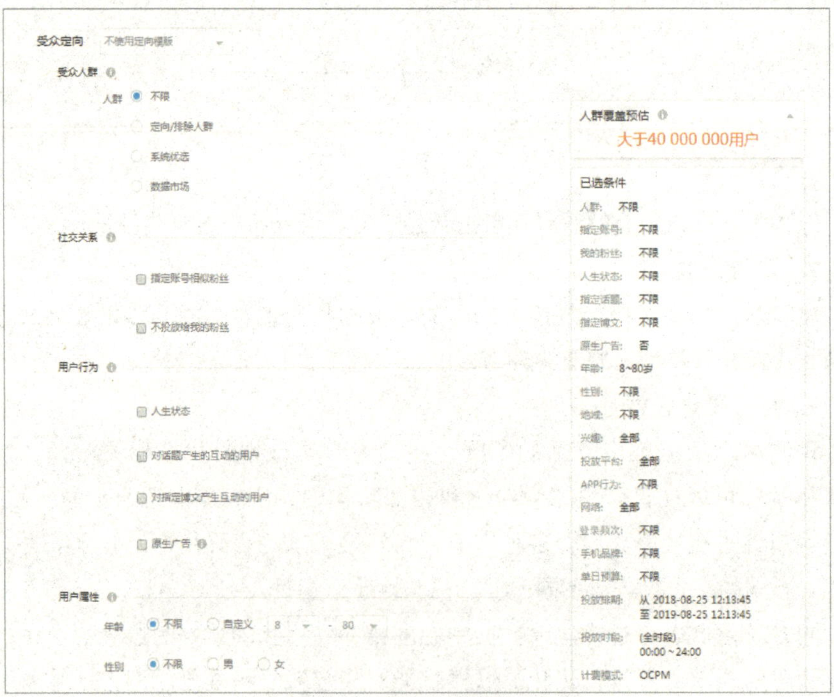

图 4-59　找准相关粉丝

案例 三只松鼠

“三只松鼠”成立于2012年，是中国当前销售规模最大的互联网食品电商企业之一。其坚果系列位居全网销量第一，凭借互联网商业模式为消费者提供更新鲜、品质更优、更具性价比的产品。

“三只松鼠”将微博广告的投放人群定为：电商账号(1号店、京东、天猫等)、官微自有粉丝三只松鼠相关账号、零食相关账号、吃货相关账号、动漫相关账号等。

3. 广告排期与出价预算

设置单日预算，注意这里是单日，比如设置50元，且投放排期是3天，那一共要花费150元。所以在设置预算时，要先确定投放排期是几天，再来设置单日预算。

投放排期与时段是指广告要在什么时间段出现在用户的微博页面中，一般我们要选择在用户活跃与用户购买需求较强烈的时间段进行投放。

计费模式有自动OCPM系统帮忙出价和手动输入。建议用手动输入来调整出价，这个对后面的推广费用预估、投入产出比优化都有很大的帮助。

手动输入出价有两种方式：CPE和CPM。CPE是按互动收费，既微博帮忙免费曝光，用户看到广告后有关注、转发、收藏、点击、点赞等互动，才会计费。CPM是按曝光收费，每一千次曝光收取一定费用，曝光带来的互动都不计费。

那我们选CPE还是CPM呢?

CPE按互动效果付费对我们广告主来说是最划算的。对于微博来说，它的流量是有限的，按CPE计费时，如果微博用10 000流量帮我们曝光，但是我们的微博内容不够吸引用户或做得不好，没有用户产生互动，那微博投放平台就亏了。这个时候微博就不会再给我们曝光，导致我们后续的广告都投放不出去。

CPM是一个更公平的出价方式。微博帮我们的微博内容做1 000次曝光，就收我们1 000次曝光的费用。至于这1 000次曝光能带来多少互动数全靠优化广告来提高互动率，效果怎样都由我们负责。

因此综合以上两种模式，在前期没有太多经验的情况下我们要优先选择CPE，对付费投放比较有感觉后再选CPM。

根据选择计费方式的不同，设置出价的价格也是不同的。对于每一种计费模式，系统都会根据我们所勾选的受众人群给出出价范围，如图 4-60 所示。

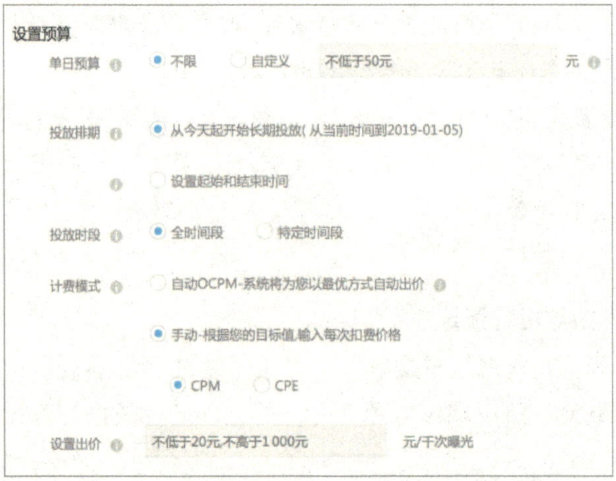

图 4-60　系统给出的出价范围

项目实训

1. 注册新浪微博账号，并熟悉新浪微博后台功能操作与账号资料设置，运用新浪微博编辑文章内容并发布。

2. 帮助小林策划一场新浪微博的有奖活动，并进行文案编辑与抽奖活动设置。

项目总结

本项目主要介绍了新浪微博运营。从新浪微博的运营意义入手，介绍了新浪微博的发展趋势与用户属性、账号注册与资料设置、装修技巧、内容规划与编辑、粉丝获取与付费广告投放。随着新浪微博的用户基数越来越大，新浪微博已成为企业打造品牌知名度与销售商品的重要平台。但做好微博营销并非易事，能否持续产出优质的内容，能否吸引大量的用户关注就成为微博营销能否成功非常重要的两个因素。

Chapter 5 百家号运营

项目综述

百家号是全球最大的中文搜索引擎百度为内容创作者提供内容发布、内容变现和粉丝管理的平台。百家号于 2016 年 6 月份启动并正式内测，9 月份账号体系、分发策略升级、广告系统正式上线。

作者可在百家号编辑并发布图文、视频和图集形式的内容，发布成功的内容将被百度搜索引擎收录，手机百度与百度新闻将内容个性化推荐给用户。凭借百度巨大的搜索流量和月活跃用户数接近 2 亿的手机百度，百家号的内容得到大量的曝光，吸引了许多企业、机构、媒体和个人入驻百家号。

小林一直想让公司动态与新品发布的文章内容能够被百度与搜狗等搜索引擎收录，从而增加品牌的知名度与可信度。小林在网络上找到了百家号平台，但不知道怎么样才能入驻并发布内容，这时小陈也正在运营百家号，于是就跟小林分享了百家号运营，要从以下 4 个方面着手：百家号平台规则、平台账号注册与资料设置、后台主要功能操作和百家号运营实战。

项目目标

通过本模块的学习，应达到的具体目标如下：

知识目标

- 了解百家号平台规则
- 掌握百家号注册及后台操作
- 掌握百家号文章写作技巧
- 了解关键词搜索及热度分析
- 了解百家号变现方式与技巧

技能目标

- 注册百家号账号及熟练操作
- 学会快速进行文章内容制作
- 掌握关键词挖掘和热度分析方法
- 掌握百家号变现方式与技巧

项目任务

任务一　百家号平台介绍
任务二　百家号账号注册与资料设置
任务三　百家号后台主要功能讲解
任务四　百家号运营实战

任务一 百家号平台介绍

任务引导

作者在百家号上发布的所有内容需经过百家号的机器和人工双重审核通过后才能成功发布，因此我们必须先了解清楚百家号的审核机制是怎样进行的，以及哪些内容会审核不通过。还有在成功发布之后，我们的内容将通过什么样的方式推送给用户。

一、审核机制

内容审核包括机器审核和人工审核两部分，机器审核为主，人工审核为辅。机器和人工会对文章进行过滤，根据文章的具体情况，决定是否推荐给用户。一般审核时间在 2 小时内，最长不超过 24 小时。当作者发布的内容不符合平台规范或者触犯法律法规时，内容将被驳回。

二、什么内容不能通过审核

1. 内容格式错误

① 标题或正文不符合基本的语言规范，比如含有错别字、语句不通顺；

② 标题或正文含特殊符号，出现如：✪、□等火星文或符号，或全部为英文、外文、繁体字；

③ 正文出现大段乱码，未分段或无标点，内容不完整或重复。

2. 标题党

① 标题制造悬念引人好奇，但正文未兑现预期；

② 使用大量或过于夸张的惊叹词；

③ 标题断章取义、歪曲正文内容，与正文内容产生较大偏差；

④ 内容和标题相关，但主要内容没有完全展开；

⑤ 标题、正文、图片三种内容不相符，关联度不高。

3. 色情低俗

① 描写违背公序良俗的观念；

② 整体上宣扬淫秽行为，又没有艺术或者科学价值的内容。

4. 恶心血腥

① 直接展现人类、动物尸体或残肢，血肉模糊等画面；

② 虐待、禁锢他人或自残，虐待动物；

③ 描述畸形、病变、非正常状态的生物；

④ 其他容易引人不适的画面。

5. 广告

① 含有理财、医疗、减肥、美容、收藏、信用卡等相关推广信息；

② 含有联系方式、第三方网址等；

③ 含商业产品销售、活动推广、公司招聘等；

④ 引导关注公众号，扫描二维码，图片有推广水印等。

6. 虚假信息

① 未经权威信源验证的夸张言论或者谣言；

② 内容涉嫌封建迷信、故弄玄虚，与科学事实相悖；

③ 内容与已发生的事实、常识不符。

7. 违反现行法律法规

① 抨击国家政要以及行政单位；

② 攻击国家政策方针、体制等；

③ 煽动、教唆、组织他人进行违法违纪活动；

④ 其他有违现行法律法规的情况。

8. 图集内容不规范

① 图集中图片重度不清晰，如画面过于模糊，出现锯齿、拖影；

② 图片重复、图片内容无意义，如空白图片；

③ 图片中存在过多杂质信息，如大面积水印、带有明显广告推销意味的二维码、第三方平台账号等。

9. 视频内容不规范

① 视频不清晰，画面模糊无法辨认主体、严重花屏黑屏白屏、拉伸过于严重、跳帧严重等；

② 音频不规范，如声画不同步、声音淹没主体等；

③ 需配字幕观赏的视频而未配字幕，导致视频内容难以理解；

④ 整体内容粗制滥造、内容负面煽动等；

⑤ 含带有广告推销意味的二维码、推广语等。

10. 其他

① 旧闻冒充新闻，将已存在于网络的相同或相似的强时效性内容伪装成新闻发布；

② 自媒体发布社会新闻以及社会新闻评论等。

11. 内容重复

发布的内容与平台中已发布的内容相同或高度相似。

三、新闻信息规范

如未取得互联网新闻信息服务许可，不得提供互联网新闻信息服务，包括但不限于新闻信息采编发布、转载等服务。新闻信息，包括有关政治、经济、军事、外交等社会公共事务的报道、评论，以及有关社会突发事件的报道、评论。

通过百家号提供互联网新闻信息服务的，应向百家号申报具体的新闻信息服务类型，按照服务类型向百家号提交相应许可资质，仅能在许可的范围内提供互联网新闻信息服务。

在转载新闻信息时，应当转载中央新闻单位或省、自治区、直辖市直属新闻单位等国家规定范围内的单位发布的新闻信息，注明新闻信息来源、原作者、原标题、编辑真实姓名等，不得歪曲、篡改标题原意和新闻信息内容，并保证新闻信息来源可追溯。

四、平台使用规范

不得提交、发布虚假信息；不得强制、诱导其他用户关注账号、点击链接页面或分享信息；不得虚构事实、隐瞒真相以误导、欺骗他人。

不得侵害他人名誉权、肖像权、知识产权、商业秘密等合法权利。

不得仿冒、混淆他人账号、昵称、头像、功能介绍或发布内容等，不得冒充、利用他人名义。

注意事项：成功发布的内容若被举报涉及违规内容，平台核实后也将对该内容做下线处理，在内容发布时切不可怀侥幸心理。

五、内容查重

1. 查重

查重是指对重复、相似、相关的文章进行分类和比对，使其不会同时或重复出现在用户信息流中的过程。

平台在推荐一篇内容前，会确定这篇内容在系统中是否存在相同或高度相似的内容。如果存在，平台会提示用户“内容重复”，如若涉及侵权，作者可以发起申诉，保障原创作者权益。

2. 为什么会有“查重”

① 防止用户在信息流中看到雷同的内容。试想用户在同一时期看到两篇相似的内容，既浪费时间也会让人困惑，直接影响阅读体验。

② 为了鼓励原创，鼓励更多更丰富的内容进入平台，同时让更多内容在平台都有曝光机会。正是因为有“查重”这一步骤，用户才能看到更多、更丰富的内容，而不是雷同的信息。

3. 如何“查重”

查重过程主要通过机器算法来完成。实际操作中机器的算法很复杂，简单来说，机器会对一篇内容中出现的信息进行标识，经过反复算术运算，最终得到这篇内容的信息指纹。若这个信息指纹在系统中是唯一的，说明作者的这篇内容是唯一的，没有其他内容与之重复。这样的内容若符合内容审核规范（如无明显错字、敏感信息等），便会被推荐给读者。

六、推荐机制

1. 机器如何推荐内容给用户

① 机器能识别内容特征，并推荐给很可能对该内容感兴趣的用户

机器能“阅读”出内容属于什么领域，识别该内容的特征并给该内容贴上标签。同时，机器也能计算和识别每个用户的基本信息、行为特征、浏览喜好，给用户贴上标签。当内容的特征标签与用户特征标签相匹配时，这篇内容便会被推送至这个用户面前。

② 机器依据推荐效果多次推荐给匹配用户

为了使受欢迎的优质内容扩大推广范围，避免不受欢迎的内容占用过多推

荐资源，机器使用多次推荐的方式将内容推荐给感兴趣的用户。具体来说，内容首先会被推荐给一批对其最可能感兴趣的用户。因为这批用户的阅读标签与文章标签重合度最高，所以被系统认定对该内容感兴趣。平台根据第一次推荐后的效果，决定是否给予二次推荐。效果重点包含点击率、收藏数、评论数、转发数、读完率和页面停留时间等数据。

2. 为什么内容推荐效果不好

我们通常通过阅读量来判断内容效果，阅读量受系统推荐量影响，而推荐量又取决于上一轮推荐的点击率。因此单篇文章推荐效果不好，原因很可能是因为第一批次的推荐内容点击率低、推荐量低，从而导致内容阅读量低。

① 初次推荐的点击率低（点击率 = 内容被点击次数 / 内容展现次数）

垂直类账号在内容垂直度较低的情况下无法及时推荐给对应的用户。假设某个账号是体育类账号，有一次却发表了娱乐类内容。对于这种不属于账号擅长领域的文章，机器需要重新识别分类再进行推荐，这在一定程度上会延长推荐时间，不能保证在规定时效内将内容推荐给相应的用户。因此，作者若想保证较高水平的点击率，坚持创作垂直内容是极有必要的。

另外，内容无吸引力直接导致点击率低。具体表现在标题和配图平淡，没有引起读者的阅读欲望，或内容低质，引起读者的反感和投诉。

② 推荐量低

潜在用户群量少，比如内容涉及的话题过于冷门、生僻、晦涩难懂；内容供过于求，比如同一领域的相似内容过多；内容非原创或未在百家号首发，导致受查重机制影响；内容时效性较短。

任务二 百家号账号注册与资料设置

任务导入

熟悉百家号审核机制与内容推荐机制是我们运营百家号必做的准备工作。只有了解平台规则与玩法，才能规划平台的运营方向与运营策略。除了熟悉规则与玩法之外，平台账号注册与资料设置也是我们必做的准备工作。

百度搜索百家号，点击官网进入或者直接输入百家号网址，如图 5-1 所示。

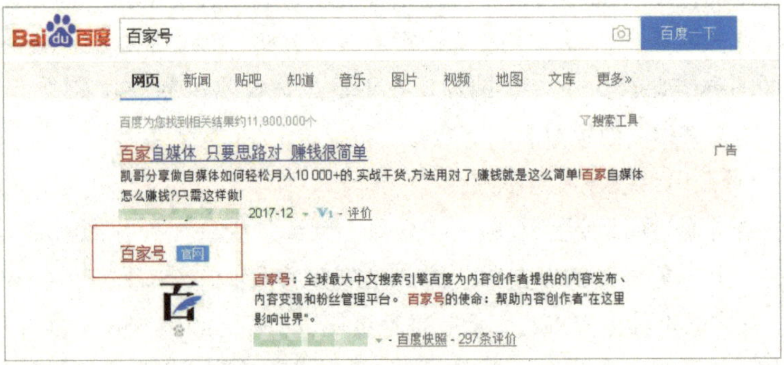

图 5-1　百度搜索百家号

注册百家号前，必须登录百度账号，没有百度账号的要先注册百度账号，如图 5-2 所示。

图 5-2　注册百度账号

进入百家号后，选择入驻类型。本任务以“个人”类型为例进行讲解，如图 5-3 所示。

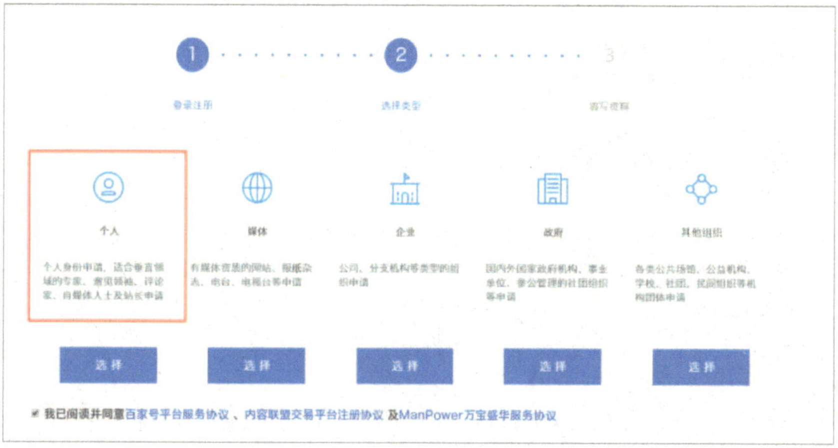

图 5-3　选择入驻类型

个人：个人身份申请，适合垂直领域的专家、意见领袖、评论家、自媒体人士及站长申请。

媒体：有媒体资质的网站、报纸杂志、电台、电视台等申请。

企业：公司、分支机构等类型的组织申请。

政府：国内外国家政府机构、事业单位、参公管理的社团组织等申请。

其他组织：各类公共场馆、公益机构、学校、社团、民间组织等机构团体申请。

选择入驻类型后，需要填写入驻资料，如图 5-4 所示。

① 领域

领域资料提交后不可修改，明确擅长的创作领域。发文和所选领域一致有助于提高作者等级。若是自媒体，建议选择运营者擅长的领域；若是企业，建议选择目标客户人群所相关的领域。

② 百家号名称

2~10 个字，使用与发文领域相关的名称，能有效提升读者点击量，例如“昧姐说电影”。

图 5-4　填写入驻资料

③ 百家号签名

10~20 个字，将显示在个人主页。签名准确描述文章风格，有助于加强读者对运营者的了解，例如专注科幻电影解说。

④ 设置头像

上传跟领域相关的头像，有助于建立运营者的百家号品牌，要求清晰、健康、代表品牌形象。

请勿使用二维码、敏感及色情图片。图片格式支持 bmp、jpeg、jpg、png，200 像素 × 200 像素，不可大于 5MB。

⑤ 所在地：建议选择用户群体多的所在城市。

⑥ 邀请码：是百度官方对特定人群发出的邀请，非必填项。

百家号申请需要实名制，填写运营者的真实信息，因此信息要确保真实，否则账号申请审核将不通过，如图 5-5 所示。

① 运营者姓名

与身份证姓名保持一致，如果名字包含分隔号 "."，也不能忽略。

② 运营者身份证

确保身份证号和身份证姓名对应，同一个身份证号允许申请一个百家号。

③ 手持身份证

拍摄免冠正面照，将身份证单手举在面部右侧，勿用前置摄像头。高度过肩，勿遮挡面部和身份证有效信息。确保包括身份证号在内的图片信息清晰可见，大小不超过 5MB。

注意：提交上述材料申请，系统在三天之内会回复相应的审核结果，一个身份证只能注册一个百家号。若申请不通过，可在查找原因后继续申请，最多可申请五次。

图 5-5　填写运营者信息

任务三 百家号后台主要功能讲解

任务引导

百家号内容编辑发布、内容数据查看分析、账号设置与账号功能权限开通等，均在百家号后台进行管理，同时公告与百家号变现收益也都在后台里面。

1. 发布内容

百家号支持发布文章、图集和视频三种形式的内容。以下以发布文章为例，如图 5-6 所示，百家号文章标题至少含 8 个汉字，最多不超过 30 个汉字。

根据不同的作者情况，平台予以不同的发文权限。新手作者每天可发布 1 篇；新手转正后的作者，每天可发布 5 篇；成功申请原创标签的作者，每天可发布 10 篇。

图 5-6　发布文章

在编辑好文章之后，底下还有三个功能设置，即封面、分类和标签，如图 5-7 所示。

封面功能是给文章设置封面图，只能选择文章中已有的图片插入。建议使用三图封面，有利于提高文章点击率，其中图片尺寸不得小于 218 像素 × 146 像素。

分类功能是为文章选择一个类别，便于百家号将内容推荐给精准用户阅读。一个准确的文章分类可以提升文章阅读量。

图 5-7　功能设置

标签功能是百家号推荐机制结合所填写的标签，进一步准确识别文章内容，并精准推荐给与文章内容标签一致的用户。作者可根据文章内容自定义地输入标签，最多 3 个，标签描述得越准确，越利于触达兴趣人群。

选取标签的建议是“准”“精”“多”。

准：指的是发布文章的时候，一定要选准文章分类，比如娱乐类文章一定不能放在历史类别中。准确的文章分类对于后续选取关键词至关重要，将直接影响到推荐的数量和效果。

精：指的是尽量选取精确的关键词，最好是文内出现的人物与事件。关键词越精确，阅读反馈越好，越有机会获得更多推荐。

多：指的是关键词数量尽量选够，能多选就多选，这样才能最大化地获得推荐。如提示“未有相匹配的关键词”，则需返回上一步重新点击发布，系统将对文章进行再次分析，重新列出关键词进行选择。

2. 内容助手

内容助手功能自动帮助作者将其他平台发布的文章同步到百家号。为保证读者的用户体验，百家号平台不允许发布其他平台的推广信息。百家号会对此类信息进行屏蔽后再发布内容。

同步功能仅支持导入微信公众号、头条号、爱奇艺号平台账号下的单篇文章内容，点击进入内容，助手即可进行账号授权操作。

由于网络的不稳定性和网页的复杂性，同步功能不确保 100% 能成功导入；目前也仅支持导入文章，暂不支持图集和视频的导入。

发布内容可选择自动或手动形式，如图 5-8 所示。选择手动发布时，在“内容管理”中的“草稿”里即可找到内容助手同步的文章，点击修改文章再发文。

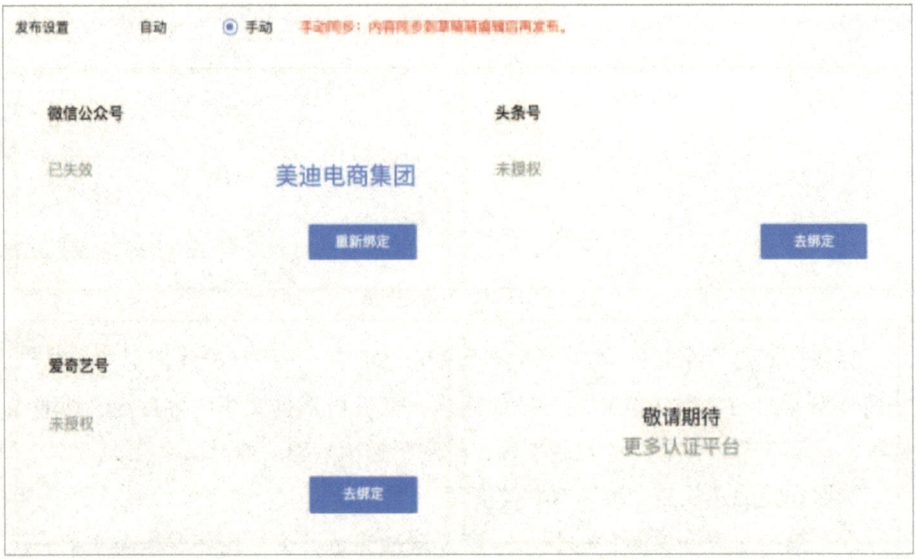

图 5-8　发布内容形式

3. 工具功能

内容管理：查看百家号以往的已发布、待发布、未通过、已撤回、草稿的内容文章，以及查看已发布内容的数据与撤回删除，如图 5-9 所示。

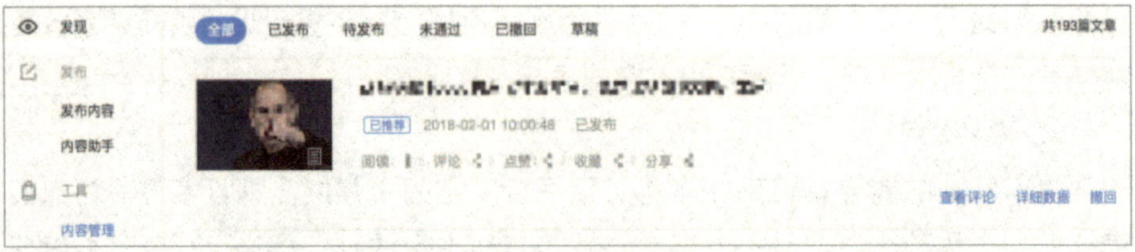

图 5-9　内容管理

评论管理：作者通过评论功能，进行文章的评论回复、点赞和删除。及时回复评论与用户互动有利于提高文章的推荐量和作者的个人影响力，如图 5-10 所示。

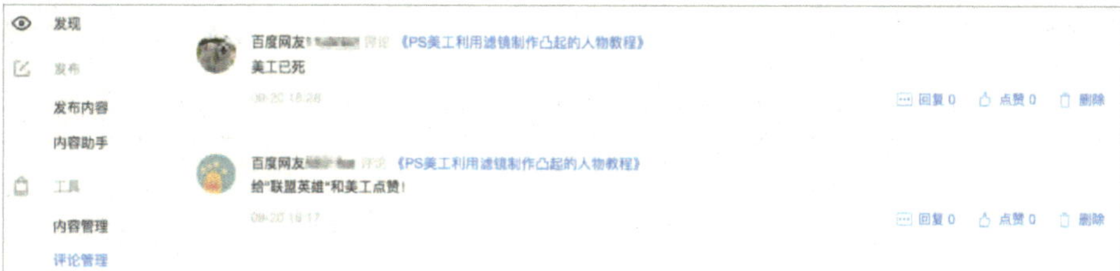

图 5-12　评论管理

素材管理：查看以往上传的图片素材及在正版图库寻找图片。

4. 分析功能

内容分析：文章整体数据分析及单篇分析、文章分析的主要关键点在推荐量、阅读量和阅读完成率。推荐量是指文章在手机百度中被推送给多少用户；阅读量是文章页面点击量，每一次文章刷新及点击算一次的阅读量；阅读完成率是用户对阅读文章的完成度，指数越高说明文章内容越吸引人，如图 5-11 所示。

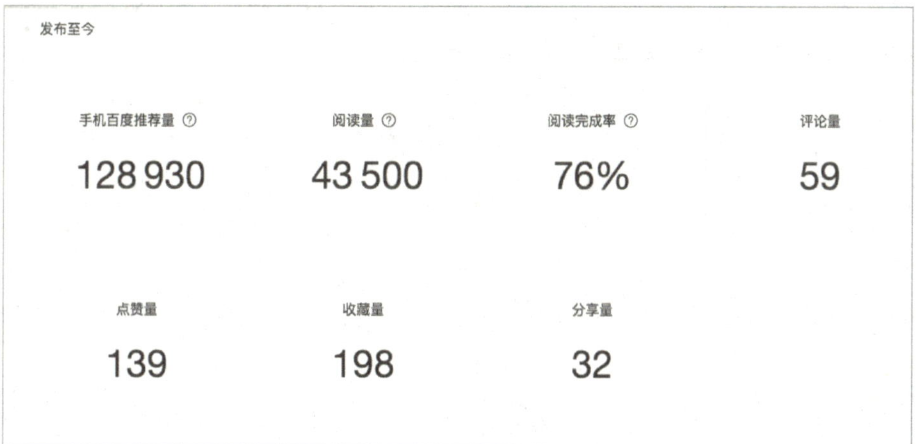

图 5-11　内容分析

粉丝分析：基础数据和粉丝画像。根据这两个功能，可分析粉丝的增长情况以及粉丝的爱好兴趣、年龄层段等，如图 5-12 所示。

百家号指数：该功能是为了让百家号作者更方便地了解自己所运营账号的表现和创作内容的投放效果，同时获得更多的推荐和权益。

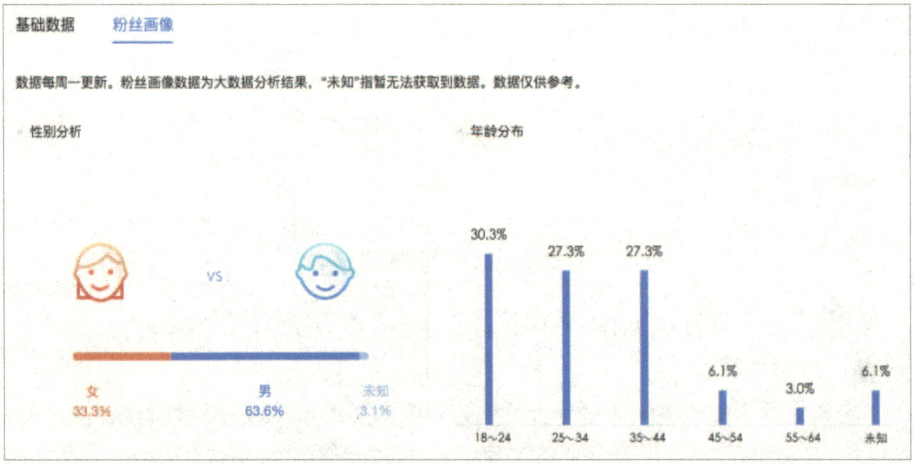

图 5-12　粉丝分析

百家号指数是通过对作者的内容质量、领域专注、活跃表现、原创能力、用户喜爱五个维度的计算而得出的客观评分结果。分数越高，代表账号的质量越好，越能获得更多的权益，如图 5-13 所示。

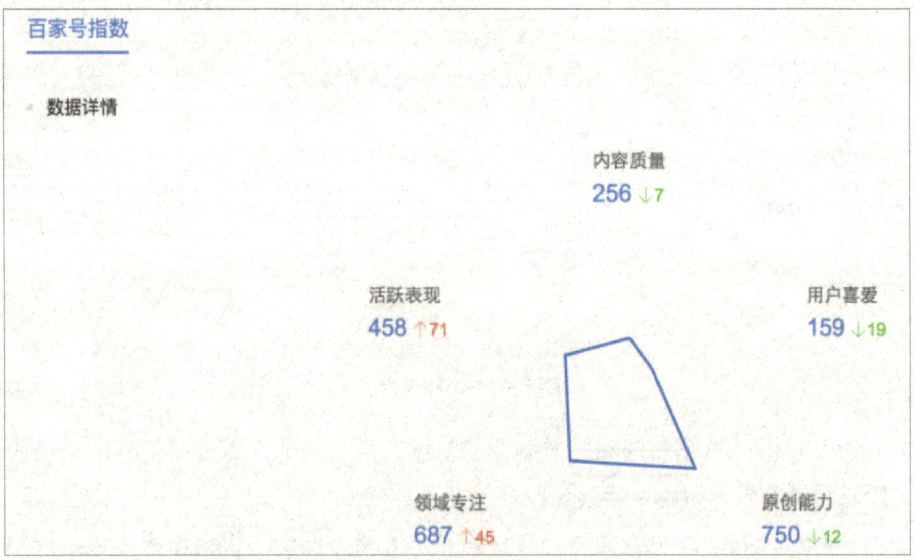

图 5-13　百家号指数

5. 百家号指数的计算方式

百家号指数通过机器和人工评定的方式评估作者的历史表现，满分为 1 000 分。具体是对作者的内容质量、领域专注、活跃表现、原创能力、用户喜爱五个维度的账号得分加权计算得出。每个维度的满分均为 1 000 分，分值越高说明作者在该维度的表现越优异。

① 内容质量

作者所创作内容的质量越高、发布数量越多，得分就越高。发布广告推广、色情低俗、暴力血腥、政治谣言等违规内容，或有抄袭等违反平台规范的行为，都会导致分数降低。

② 原创能力

作者发布的原创内容越多，数量占比越高，原创能力维度得分就越高。

③ 活跃表现

发布内容的频次越高、连续性越强，得分越高。

④ 领域专注

发布内容的分类越统一，分数越高。

⑤ 用户喜爱

用户的点击、停留、转发、评论、收藏、关注等都是在为账号用户喜爱维度加分。

6. 提升百家号指数的技巧

想提升百家号指数，需综合提升内容质量、原创能力、活跃表现、领域专注、用户喜爱五个维度的分值，任何一个维度的“偏科”，都将影响整体分值。

① 如何提高内容质量分值

不做“标题党”，标题中不使用夸张、诱导性词语，题文相符，客观准确；内容观点积极，内容有信息量、完整，有一定的深度和广度；提升内容可读性，格式清晰、配图美观；宁缺毋滥，勿发布低质文章；遵守平台规范，不发布淫秽色情、谣言、广告等平台禁止的内容，具体内容参照平台规范。

② 如何提高原创能力分值

发布原创内容，杜绝汇编、整理、摘抄；积极申请原创作者认证，并为原创文章打上标签；文章优化在百家号首次发布。

③ 如何提高活跃表现分值

每日发布至少 1 篇文章；连续多日发布内容，有额外加分；鼓励手动发布内容，并积极参加平台活动。

④ 如何提高领域专注分值

作者可以发布各个领域、分类的内容，但平台鼓励作者专注地创作所擅长领域的内容。系统会根据账号的入驻领域，结合作者发布内容的分类习惯，判断出作者所擅长的领域。作者发表擅长领域之外的内容，账号领域专注分值会降低。

⑤ 如何提高用户喜爱分值

内容的阅读量或播放量越高、用户的停留时间越长、传播的范围越广、粉丝数越多、转发量越大、收藏量越多，用户喜爱指数分就越高。通过作弊手段提升阅读量、粉丝数都会影响得分。

7. 收益功能：包括财务设置及收益广场

财务设置：个人银行账号的设置和收益提现，如图 5-14 所示。

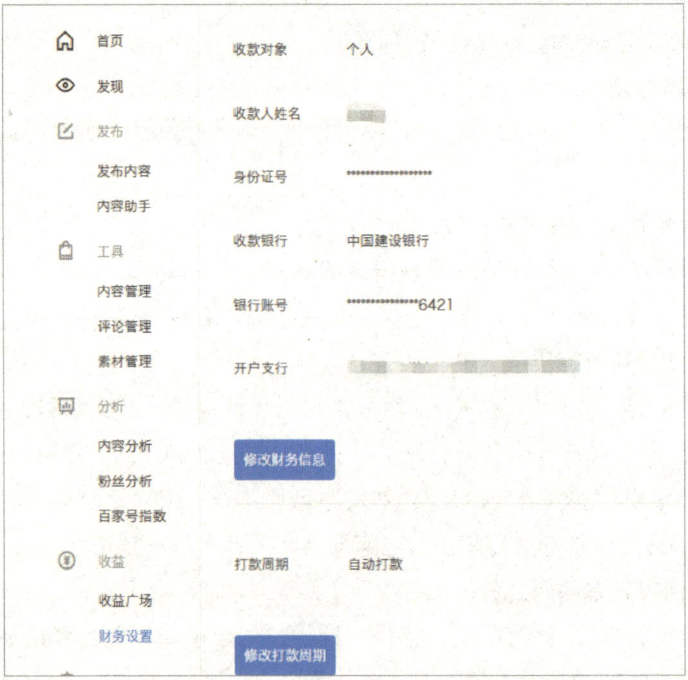

图 5-14　个人银行账号设置与收益提现

收益广场：查看百度广告、内容电商及补贴的整体收益情况，如图 5-15 所示。

图 5-15　收益广场

任务四　百家号运营实战

任务引导

截至 2017 年 11 月，百家号作者数已达到 100 万，百度信息流月活跃用户数也超过 6 亿。这意味着 100 万个百家号瓜分 6 亿的流量，竞争也是越来越激烈。这时我们除了在百家号上编辑内容发布之外，还得总结百家号运营技巧，提高账号权益与内容曝光量。

一、新手期转正

新入驻百家号的作者难免因对平台的规定不甚了解而发布一些违规的低质内容，而百家号平台生产的内容，会被分发给成千上万的用户。为了对用户负责，同时也为了平台的良性运营，新入驻的百家号作者需要经历新手期的考验，通过新手转正的作者将获得广告分红等更多权益。

1. 转正条件

注册 7 天以上，百家号指数≥ 500 的作者可在“我的权益页”主动发起转正申请，进入人工审核。人工审核将重点评估账号的发文质量，择优通过。因此不一定指数达标即可通过转正，审核也会考核账号的发文质量。

2. 转正后获得权益

新手转正之后，就是正式运营期了。正式运营的作者每天可以发布 5 篇文章，并获得广告分红，指数达标后即可申请相应的权益（正式运营的媒体、政府账号，发文篇数是 10 篇 / 天）。图 5-16 所示为广告收益、原创标签等的申请要求。

广告收益	新手账号转正后自动开通
原创标签	百家号指数不低于500，原创分数不低于800；历史发文中原创文章占比不低于70%；最近30天内发文超过10篇；信用分为100分
自荐	开通原创标签的作者自动获得自荐资格
阿拉丁	百家号指数≥650、粉丝数≥1 000后可以申请
微贴吧	百家号指数≥650、粉丝数≥1 000后可以申请

图 5-16　广告收益、原创标签等的申请要求

关于原创、自荐、阿拉丁、微贴吧具体的申请要求和权益，可以在百家号后台“我的权益”页面进行详细的了解。

3. 快速转正技巧

① 选择你擅长的注册领域

很多人在注册时不知道选择什么领域，这里提醒大家，首先要问自己内心真实的想法，结合自己的能力、目的，而不是盲目地跟风。在注册前想好自己的领域，日后更新才能得心应手。

② 在专注领域撰写内容

领域一旦注册好，前期的文章必须发布领域内的相关内容。用户希望看到的内容是在同一个领域的，而不是今天写历史、明天写时尚，这样很容易影响用户的阅读体验，也容易影响你的领域专注度。

③ 保持活跃

百家号指数的另一个指标就是活跃度。在运营初期一定要保持账号的活跃

度。最好能保证一天发布一篇文章，无论内容长短，这也对百家号指数的提升很有帮助。

④ 保持原创

原创也是百家号指数的一个关键点，新手运营初期一定要尝试多发原创的文章。特别是如果你想在自媒体有所建树，“拿来主义”一定要不得。最开始可以在自己擅长的领域结合热点进行创作，慢慢就能得心应手。

⑤ 留意用户评论、多与用户互动

用户的喜爱和互动情况也是增加百家号指数的小窍门。运营初期可以发布一些有讨论度的话题，或者在文末留一些互动的话题，引导用户留言。这样可以提升百家号的用户喜爱度。

⑥ 注意提升文章的内容质量

最起码文章要保持流畅，不要有一些语句不通的句子、特殊符号等。文章的配图一定要清晰不模糊，不要打马赛克，字数最好超过 400 字，这些对文章质量的提升都很有帮助。除此之外，要慢慢提升文章的“深度”，在文章中加入自己的思想和观点，吸引更多的用户去阅读。

二、提高内容阅读量

无论是提高哪个平台的内容阅读量，我们都要先了解内容都在哪些渠道曝光，而用户是通过什么方式看到内容。在百家号中，内容的曝光渠道主要来自于两个方面：手机百度和百度新闻的个性化推荐机制、百度搜索的关键词搜索。因此我们在提高内容阅读量时也要分两个方面来有针对性地优化内容。

1. 手机百度与百度新闻

在手机百度与百度新闻这两个渠道的内容曝光是靠系统的个性化推荐。只有系统把内容推荐给更多的用户，内容的阅读量才会越来越高，而影响系统推荐的因素有以下五种。

① 提升你的标题质量

标题一定要吸引人，有卖点、有内容、有趣味，通俗一点就是能让用户产生点击的欲望。切记不要当标题党，耸人听闻、夸大其词、情色、庸俗的标题是不会被允许的。取这样标题的文章，系统将不推荐。除此之外，文章的内容跟标题一定要保持一致，题文不符的话也会影响文章的推荐量。标题语句不通，包含各种奇怪的字母符号，系统将识别不出标签。

② 确保文章完整度与匹配度

匹配度指文章内容与账号领域的相关性。匹配度太低的内容，系统也不会推荐。完整度就是指文字内容、内文配图是否完整独立，例如作者在一篇文章中提到了“上面这张图说明了一个 ×× 问题”，但实际上却没有配图。

③ 内容可读性与段落表意逻辑性

内容基础可读性主要是指语法、排版等基础可读性问题，包括是不是存在大量错误、遗漏、多字、乱码符号、明显病句、排版问题等，例如：为了凑字数把一段话重复好几遍、文章段落读起来拗口等。

段落表意逻辑性是指段落内、段落之间表意是否有逻辑，例如：从多篇文章中摘抄内容组合成一篇文章时，就要有逻辑性地组合起来，段落间表意连贯，不要强行关联或推理。

④ 配图质量

文章的配图主要会从三个方面来考察：第一个就是文章配图的相关性，历史类的文章就配历史类的图片，不要选时尚大图；第二个就是图片是否重复使用，尽量文章图片能够有所区别，而不是重复使用或者用相近图片，除非有特殊的含义；第三个就是清晰度，核心图片一定要足够清晰美观。

一篇文章至少要有 6 张清晰的配图，具体需要根据撰写的题材来。图片的密度以一屏（手机屏）一张图为佳（即图与图之间的文字控制在 150～200 个字），尽量避免使用过多的 GIF 格式图。

⑤ 篇幅限制

文章的篇幅不能太短，作为一篇“文章”而不是一句话、一段文字，一般保持在 1 000 ～ 2 000 字最佳，首尾段落的内容尽量丰富。

⑥ 发布时间

根据用户的阅读习惯以及生活习惯，一般情况下，中午和下午下班时间是内容阅读高峰期。然而百家号内容推荐有一个时间周期，文章发布当天的推荐量会比较多，第二天就基本没有什么推荐量。因此建议在上午 11 点半左右发布文章，留半个小时给系统审核文章以及推送。

2. 百度搜索

在百家号发布的文章是能够被百度搜索收录的。若文章中包含关键词，用户搜索时，文章会出现在用户的搜索结果页面中，并且百家号文章的排名权重会比其他网站的排名权重高，排名要靠前。除了百家号以外，搜狐号的文章也被百度搜索引擎收录，如图 5-17 所示。

图 5-17　百家号和搜狐号都被收录

因此想要提高文章在百度搜索引擎的曝光量，就得从关键词选择和关键词位置与频率着手。

① 关键词选择标准

在选择关键词时，需要考虑以下三个方面的问题：目标用户人群会不会去搜索选择的关键词、搜索该关键词的人数又有多少、选用该关键词文章在排名上有没有优势。

我们选择关键词的参考标准分别是：与产品关键词相关联、搜索量较大、该关键词没有太多的付费广告、长尾词等。因此在选择关键词时需要借助百度指数和爱站网进行关键词的提炼与分析。

② 爱站网

爱站网是一家专门针对中文站点提供服务的网站，主要提供 IP 反查域名、Whois 查询、PING 检测、网站反向链接查询、友情链接检测、百度权重值查询、关键词挖掘等功能。

通过爱站网可以查找长尾关键词的优化难度、搜索量等相关数据，可通过百度搜索或爱站网网址进入，点击关键词挖掘，如图 5-18 所示。

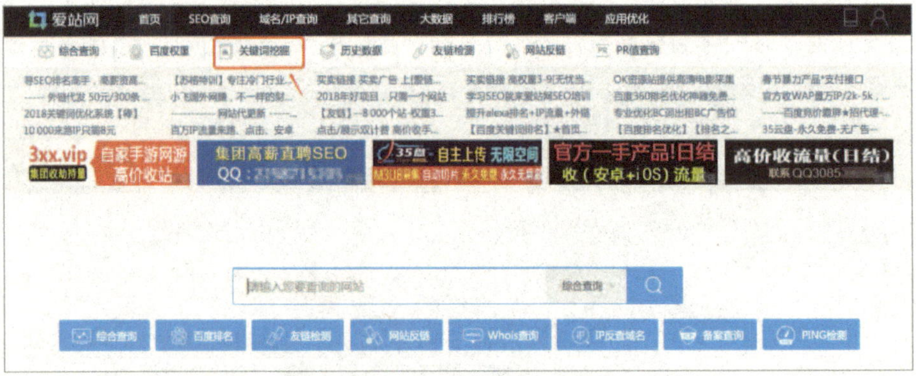

图 5-18　爱站网关键词挖掘

输入所需查询的关键词，一般以品牌词或产品词为主，进行查询并选择合适的关键词，如图 5-19 所示。

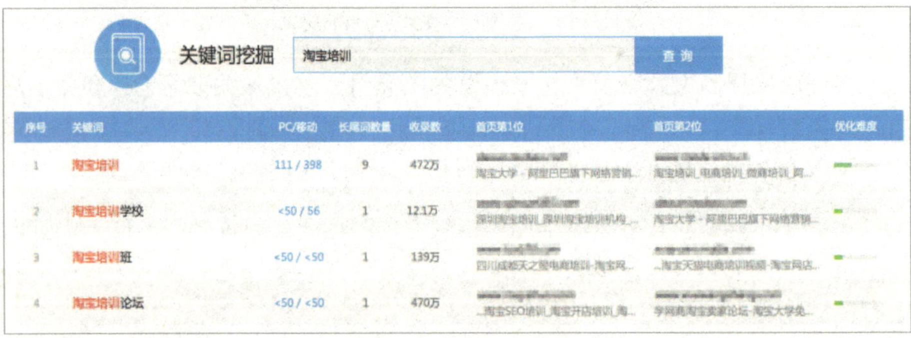

图 5-19　查询关键词

除了长尾关键词的挖掘以外，也可以从同行或其他相同类型的网站入手，查询用户都通过哪些关键词进入网站。即通过爱站网的综合查询，输入所需查询网站的域名即可，如图 5-20 所示。

在查询结果中，找到来路关键词，即可看到网站用户都是通过哪些关键词进入，也可以看到电脑端与移动端的关键词，同时会有该关键词在百度的搜索量，如图 5-21 所示。

图 5-20　爱站网综合查询

MATE关键词　来路关键词

PC

关键词	百度排名	百度指数	PC指数	移动指数	收录量
iphone双卡双待	第1页 第1位	72 022	66 921	5 101	353 000
百度	第1页 第1位	657 360	58 895	598 465	100 000 000
茶叶蛋2899元	第1页 第1位	62 125	54 670	7 455	87 000
70城房价出炉	第1页 第1位	48 611	44 520	4 091	6 770 000
疫苗	第1页 第1位	161 354	34 389	126 965	61 300 000
baidu	第1页 第1位	78 521	17 297	61 224	100 000 000
[illegible]	第1页 第1位	32 974	12 689	20 285	5 280 000
[illegible]	第1页 第1位	73 735	11 262	62 473	1 670 000
[illegible]	第1页 第1位	115 257	10 793	104 464	16 800 000
[illegible]	第1页 第1位	44 588	9 766	34 822	6 620 000

图 5-21　来路查询

③ 百度指数

百度指数是以百度海量网民行为数据为基础的数据分享平台。百度指数能够告诉我们：某个关键词在百度的搜索规模有多大；一段时间内的涨跌态势以及相关的新闻舆论变化；关注这些词的网民是什么样的、分布在哪里，同时还搜了哪些相关的词。

通过百度搜索“百度指数”，或者输入网址直接进入，再输入品牌词或产品词查询，如图 5-22 所示。

图 5-22 百度指数输入关键词

在查询结果中的搜索指数趋势反映了互联网用户对关键词搜索的关注程度及持续变化情况，可以理解成该关键词的搜索次数，其中也有电脑端与移动端的各自搜索次数。通过搜索指数趋势可以进行关键词的热度对比，如图 5-23 所示。

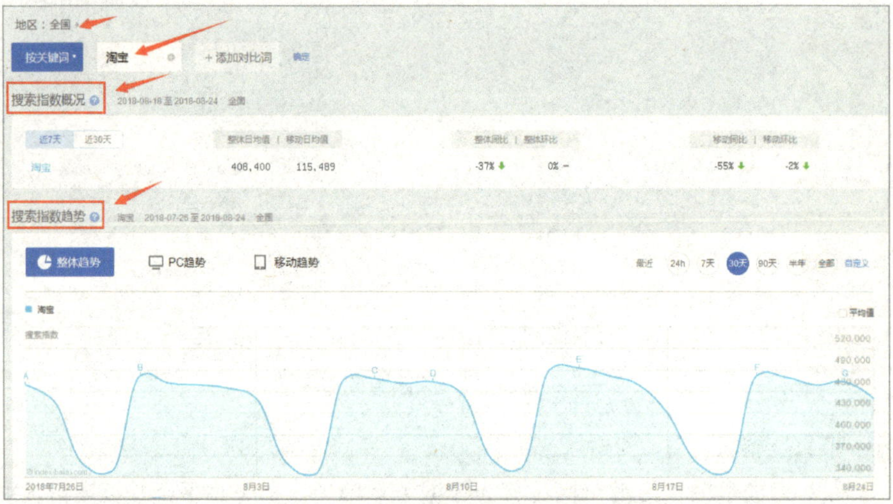

图 5-23 关键词搜索指数

在查询结果中，需求图谱是指通过用户在搜索该词的前后的搜索行为变化中表现出来的相关检索词需求，可以理解成为用户在搜该关键词的前后分别搜索了与该关键词相关的其他关键词。

其中相关词距圆心的距离表示相关词与中心检索词的相关性强度；相关词自身大小表示相关词自身搜索指数大小，红色代表搜索指数上升，绿色代表搜索指数下降，如图 5-24 所示。

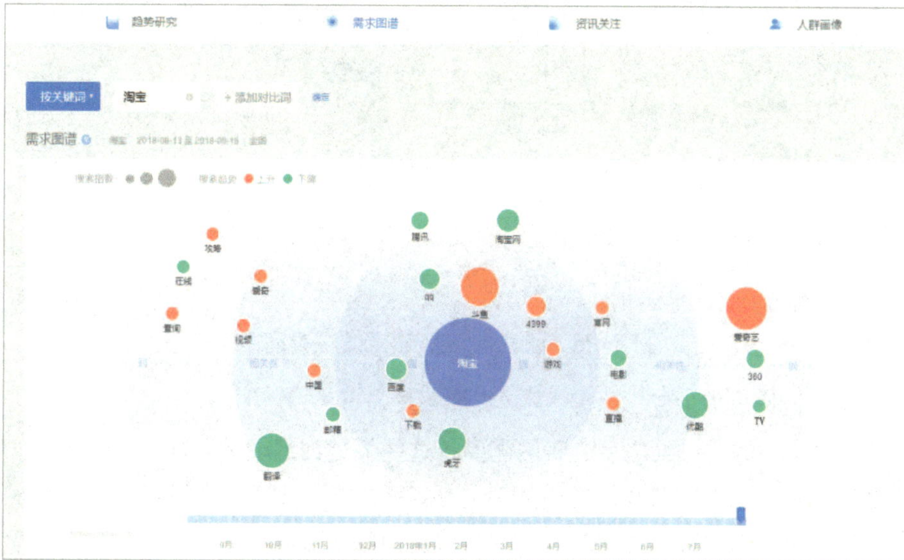

图 5-24 需求图谱

百家指数也对相关词做了分类。通过用户搜索行为，细分搜索中心词的相关需求包括：来源相关词、去向相关词、最热门词及上升最快词。

来源相关词：反映用户在搜索中心词之前还有哪些搜索需求。算法依据过滤出中心词上一步搜索行为来源的相关词，按相关程度排序得出。

去向相关词：反映用户在搜索中心词之后还有哪些搜索需求。算法依据过滤出关键词下一步搜索行为来源的相关词，按相关程度排序得出。

最热门词：反映中心词的所有相关词中搜索指数热门的关键词。算法依据计算中心词的所有相关词的搜索指数排序得出。

上升最快词：反映中心词的所有相关词中搜索指数变化率上升速度的排名。算法依据计算中心词的所有相关词的搜索指数，在指定时间窗内的环比变化率排序得出。

通过百度指数的需求图谱，我们能够挖掘出很多与目标用户人群有关的关键词，如图 5-25 所示。

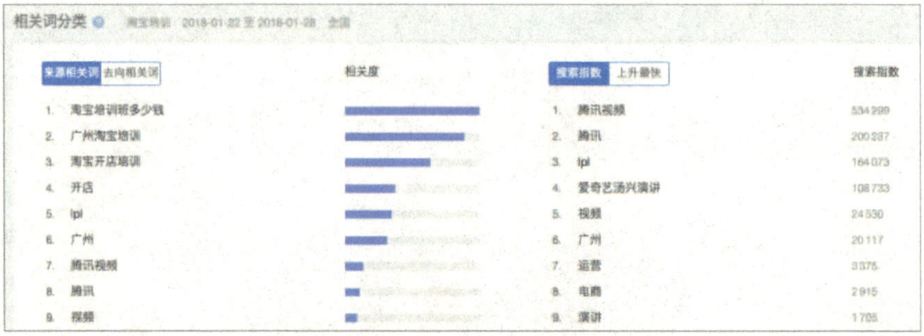

图 5-25　通过需求图谱挖掘出关键词

④ 关键词出现位置

确定文章的关键词之后，我们需要将这些关键词编辑进文章内容里面，这样搜索引擎才能识别并收录这些关键词。当用户在百度搜索关键词时，百度就会推送包含有该关键词的文章。但一个关键词底下可能会有上百、上千篇文章或网页信息，这时百度搜索引擎就会对这些内容做一个排名，决定内容排名前后的是权重（由于篇幅关系请自行了解权重），如图 5-26 所示。

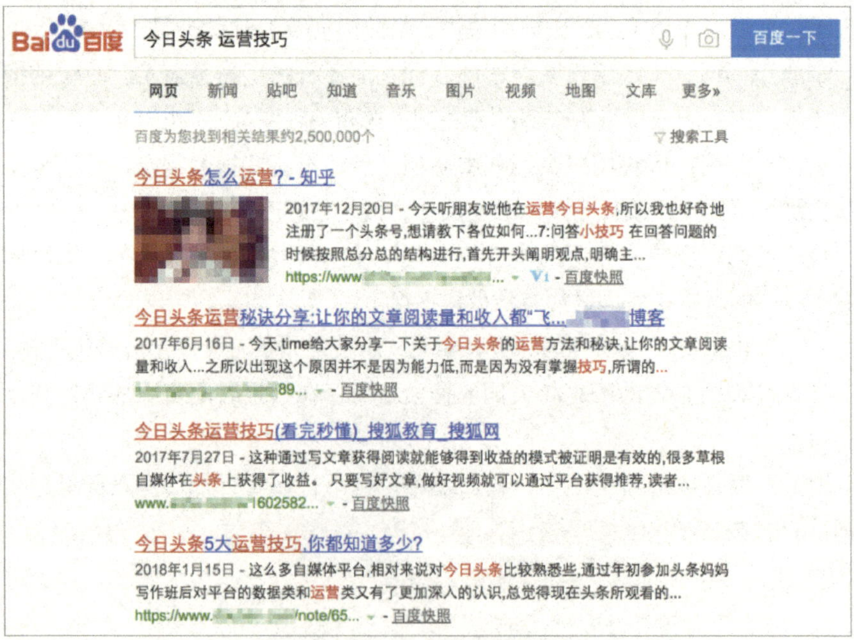

图 5-26　内容排名有先后

其中搜索引擎会对文章中标题与第一段内容的关键词给予更高的搜索权重，但不可堆砌关键词，要保证文章内容的通顺，如图 5-27 所示。

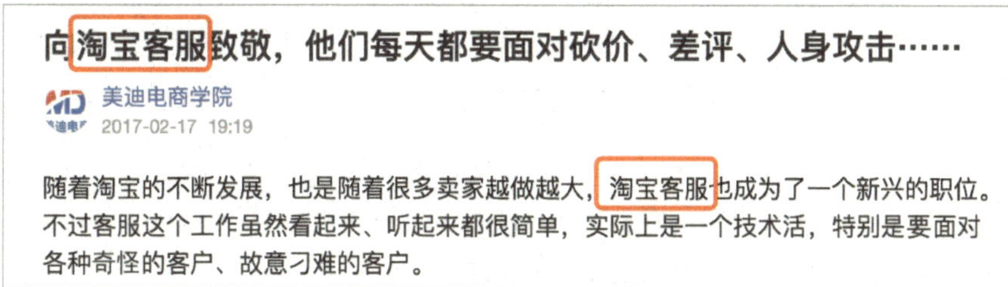
向淘宝客服致敬，他们每天都要面对砍价、差评、人身攻击……

美迪电商学院

2017-02-17 19:19

随着淘宝的不断发展，也是随着很多卖家越做越大，淘宝客服也成为了一个新兴的职位。不过客服这个工作虽然看起来、听起来都很简单，实际上是一个技术活，特别是要面对各种奇怪的客户、故意刁难的客户。

图 5-27　标题与第一段内容均出现关键词

三、搜狐号

在新媒体平台中，不仅百家号发布的文章内容能够被搜索引擎收录，还有另外一个平台搜狐号也同样拥有这个功能。搜狐号发布的文章内容都能主动在搜索引擎中进行曝光，如图 5-28 所示。

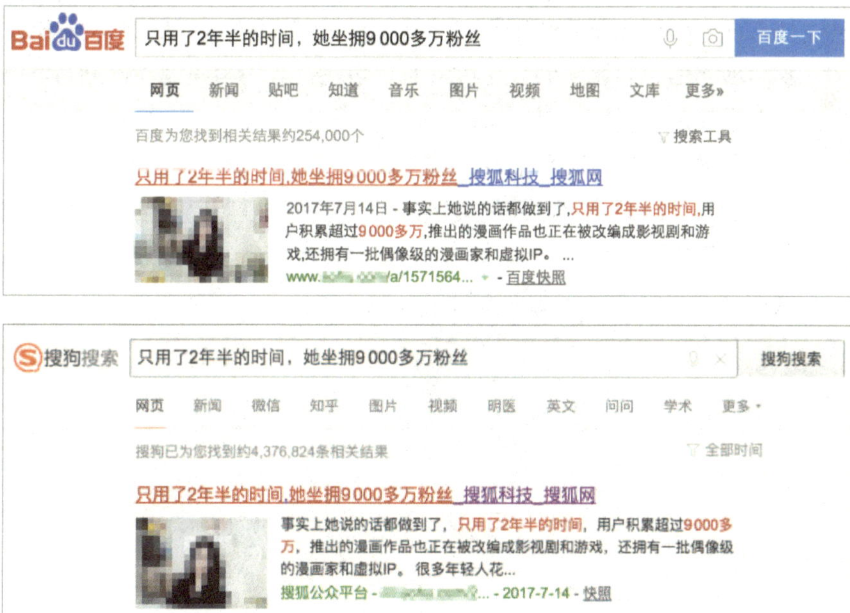

图 5-28　搜狐号内容

可以把编辑好的内容分别发布到百家号与搜狐号，做到多平台多渠道曝光，甚至做到搜索引擎霸屏。把用户可能搜索的关键词都编辑成文章内容，再分别发布到各个能够被搜索引擎收录的平台，实现全覆盖、多矩阵的布局。

通过百度搜索“搜狐号”，或直接输入网址进入搜狐号后台。其后台账号注册步骤、后台功能操作和内容编辑发布等与百家号相似，本书将不再展开讲解。

项目实训

1. 注册百家号平台账号，并熟悉百家号后台的功能操作与账号资料设置，运用百家号编辑文章内容并发布。

2. 注册搜狐号平台账号，并挖掘相对应的关键词进行内容编辑，分别发布至百家号与搜狐号。

项目总结

本项目主要介绍了百家号后台操作与运营实战。从百家号规则入手，分析百家号的内容审核机制、内容查重与推荐机制，还讲解了百家号账号注册与资料设置，对后台常用的功能操作做进一步的讲解。针对百家号的更多功能权限做分析，其中对百家号与搜狐号特有的功能“搜索引擎收录”做了深度讲解，包括文章内容关键词挖掘方法与关键词放置技巧等。

在学完百家号运营之后，读者可举一反三运营相似的新媒体平台。与此相似的新媒体平台还有搜狐号和简书等，其后台操作与搜索引擎收录规则大同小异。不同的地方在于平台的运营规范与后台功能，可通过平台的帮助中心做进一步的查阅。

Chapter 6

知乎运营

项目综述

知乎是网络问答社区，连接各行各业的用户。用户分享着彼此的知识、经验和见解，为中文互联网源源不断地提供多种多样的信息。准确地讲，知乎更像一个论坛：用户围绕着某一感兴趣的话题进行相关的讨论，同时可以关注兴趣一致的人。对于概念性的解释，网络百科几乎涵盖了用户所有的疑问；但是对于发散思维的整合，却是知乎的一大特色。

知乎用户人群与小林公司的目标客户人群很相似，因此小林计划通过知乎平台来宣传公司品牌与产品口碑，但小林不知道该从哪个方面入手。这时小林找来小陈了解知乎运营，小陈建议他从以下几个方面入手：了解知乎营销案例、注册账号与设置资料、熟悉知乎主要功能和运营实战。

项目目标

通过本模块的学习，应达到的具体目标如下：

知识目标

- 了解知乎及问答营销
- 了解知乎的营销案例
- 学习寻找高相关度的问题
- 了解知乎专栏的开通及运营推广技巧
- 了解知乎引流推广技巧

技能目标

- 注册知乎账号及设置资料
- 掌握编写问题答案的技巧
- 开通知乎专栏及推广运营
- 掌握知乎引流推广技巧

项目任务

任务一　知乎营销案例介绍

任务二　知乎账号注册与资料设置

任务三　知乎主要功能讲解

任务四　知乎运营实战

任务一 知乎营销案例介绍

任务引导

问答营销属于互动营销的新型营销方式，是互动营销介于第三方口碑而创建的网络营销方式之一。该营销方式既能与潜在消费者产生互动，又能植入商家广告，是做品牌口碑、互动营销不错的营销方式之一。遵守问答站点的发问或回答规则，然后巧妙地运用软文让自己的产品、服务植入问答里面，达到第三方口碑效应。

国内有很多主流的问答网站，分别是：知乎、百度知道、悟空问答、新浪爱问、奇虎问答、天涯问答、雅虎知识堂等。

一、知乎概况

截至 2017 年 9 月，知乎个人注册用户总数超过 1 亿，日活跃用户量达 2 600 万，人均日访问时长 1 小时，月浏览量 180 亿。其中 24 岁以下及 25 ~ 35 岁的人分别占比 21.8% 和 30.3%，这两类用户正是知乎的核心群体，如图 6-1 所示。

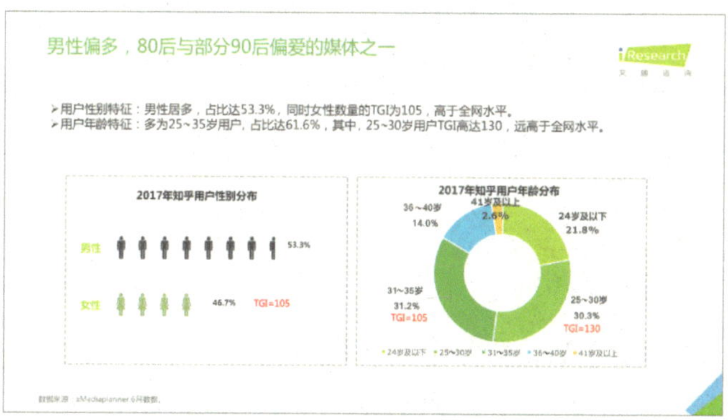

图 6-1　知乎平台用户画像

在地域分布上，知乎用户的分布相对均衡。从一线城市到五线城市都有知乎的用户，其中一线、新一线、二线城市用户占比为 41.4%，新兴中产和影响力人群已经成为知乎用户的主流。

知乎用户的高学历、高收入、高购买力也让其整个群体呈现出高价值特性。知乎高学历人群占比达到 80.1%，硕士及以上人群比例高于总体水平，近两成用户拥有海外留学经历；从月收入分布来看，占比 76% 的高收入人群和小康人群是使用知乎的主力，月收入 1 万元以上用户占比 30%，2 万元以上家庭月收入用户占比 41%；可投资资产 10 万元以上的用户占比 36%。

知乎作为一个知识平台，渴望通过知乎学习知识与自我提升的用户占比最多，达 70.6%，还有 65.5% 的用户使用知乎提问和查找专业领域知识，浏览和搜索话题内容是他们的主要行为。例如“如何长时间高效学习”“优秀的人因为什么原因而优秀”，以及“生活中哪些坏习惯一旦改正就可以获得立竿见影的好处”这类问题，在知乎都长期受到大量关注，如图 6-2 所示。

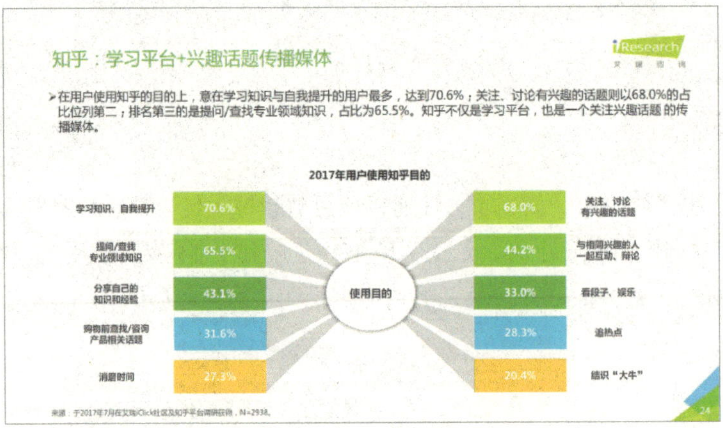

图 6-2　用户使用知乎的目的

二、知乎 +QQ 音乐

每年 5·20，情感和表白是绕不开的话题。2017 年 5 月 20 日 QQ 音乐联合知乎发起“5·20 在知乎用音乐表白”大行动，一大波知友应声而动，似乎每个人都陷入了这片巨大的情感浪潮，每个人都在别人的旋律里找到了自己的悲欢，如图 6-3 所示。

QQ 音乐和知乎都以开放和分享见长，双方此次联手，前者提供工具，后者提供平台，合力营造满分情感力。原本音乐就和情感有着天然的关联，加上

5 • 20 这个敏感的时间节点，使得活动创意一上线就迎来爆棚口碑。

在 5 月 10 日当天，QQ 音乐机构账号发起提问——“喜欢你”用一句歌词怎么翻译，QQ 音乐及知乎平台同步推广此次活动，如图 6-4 所示。

图 6-3 “5 · 20 在知乎用音乐表白”活动

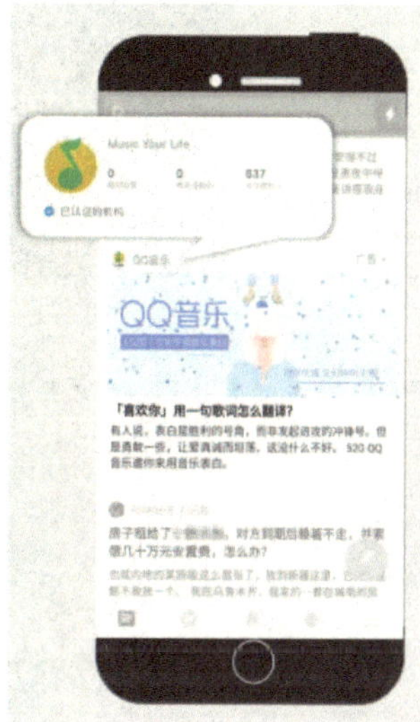

图 6-4 5 月 10 日的推广活动

截至 5 月 20 日，活动一共收到 2 582 条回答，吸引超过 120 万人次围观这场音乐表白，如图 6-5 所示。

通过这样一问一答的方式，别人的音乐最终唱成了自己的故事。而活动本身更像一个“情感集中营”，在这里，再复杂的情绪、再曲折的故事都能找到顺理成章的出口，用户的情绪得到珍贵的尊重，也获得最大限度的激发和调动，一个人的故事变成了一群人的狂欢。QQ 音乐则借助活动春风化雨地向人们揭示出，音乐的功能远超过娱乐的意义，它可以与生活浑然一体，甚至包裹着影响人生进程的巨大能量，如图 6-6 所示。

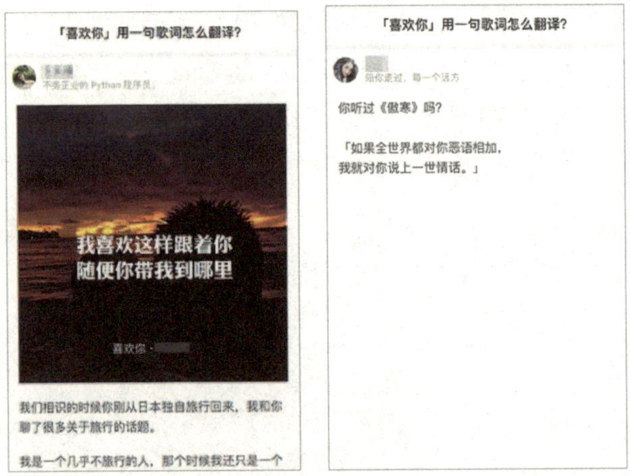

图 6-5　活动收到的回答

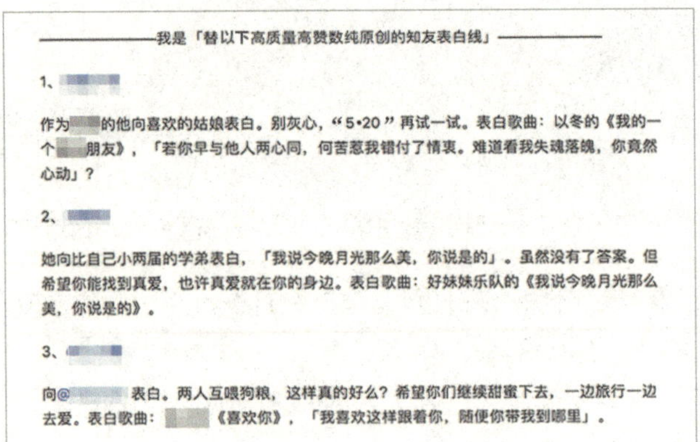
——————我是「替以下高质量高赞数纯原创的知友表白线」——————

1、

作为　　的他向喜欢的姑娘表白。别灰心，“5·20”再试一试。表白歌曲：以冬的《我的一个　　朋友》，「若你早与他人两心同，何苦惹我错付了情衷。难道看我失魂落魄，你竟然心动」？

2、

她向比自己小两届的学弟表白，「我说今晚月光那么美，你说是的」。虽然没有了答案。但希望你能找到真爱，也许真爱就在你的身边。表白歌曲：好妹妹乐队的《我说今晚月光那么美，你说是的》。

3、

向@　　表白。两人互喂狗粮，这样真的好么？希望你们继续甜蜜下去，一边旅行一边去爱。表白歌曲：　　《喜欢你》，「我喜欢这样跟着你，随便你带我到哪里」。

图 6-6　活动表白内容

任务二　知乎账号注册与资料设置

任务引导

知乎账号注册与资料设置是做知乎运营的基础准备工作。这些准备工作也会直接影响到后续的运营工作，因此我们需要选择合适的账号类型，以及统一化对外输出品牌形象。

一、注册知乎

1. 通过百度搜索“知乎”，或者输入知乎网址进入

进入知乎网站的方式见图 6-7。

图 6-7　进入知乎网站

2. 账号注册

知乎账号分为两种类型，即个人与机构。个人账号直接通过手机号码即可注册。若是以下组织类型则需要注册机构号：企业机构、企业法人、企业非法人、个人独资、个体户、政府机关及事业机构、事业单位法人、机关法人、机关非法人、其他机构、社团法人、民办非企业、工会法人，机构号注册入口见图 6-8 所示的箭头处。本书中以个人账号做操作步骤演示。

机构号具体的注册流程，可通过机构号开通指南了解，如图 6-9 所示。

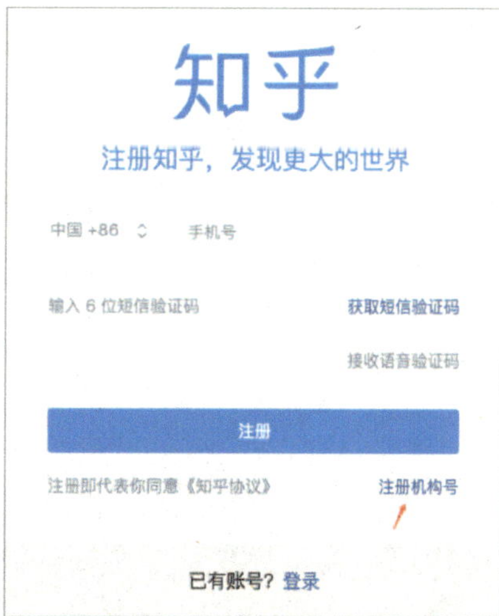

图 6-8　机构号注册入口

图 6-9　机构号开通指南入口

二、设置账号资料

账号注册通过审核后，通过登录即可进入知乎主页，在右上角“我的主页”可以进行账号资料设置，如图 6-10 所示。

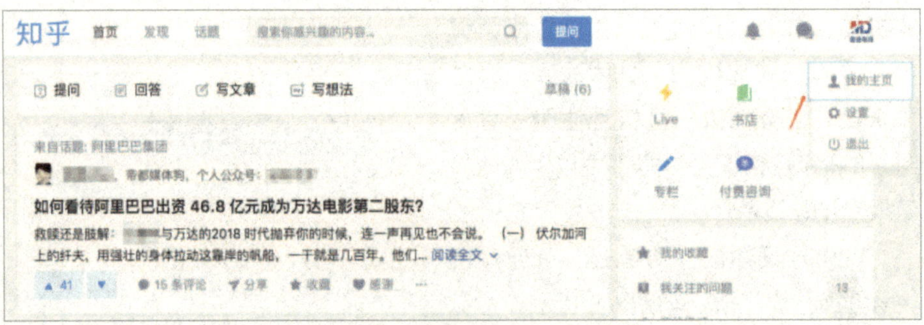

图 6-10　账号资料设置入口

在“我的主页”里面，可以设置账号头像、主页封面和个人资料，如图 6-11 所示。

图 6-11　“我的主页”

1. 头像

头像建议与微信公众号、头条号等账号头像保持一致。若是以个人身份运营知乎账号，建议以个人形象照或动漫头像；若是以企业身份运营知乎账号，建议用品牌 LOGO，切忌把二维码设置为头像，平台会对此做出处罚。头像尺寸为正方形，平台提供图片裁剪功能，如图 6-12 所示。

图 6-12　上传头像

2. 封面图

封面图只会在 PC 端知乎的“个人主页”中展示，移动端知乎的“个人主页”不会显示封面图，如图 6-13 所示。

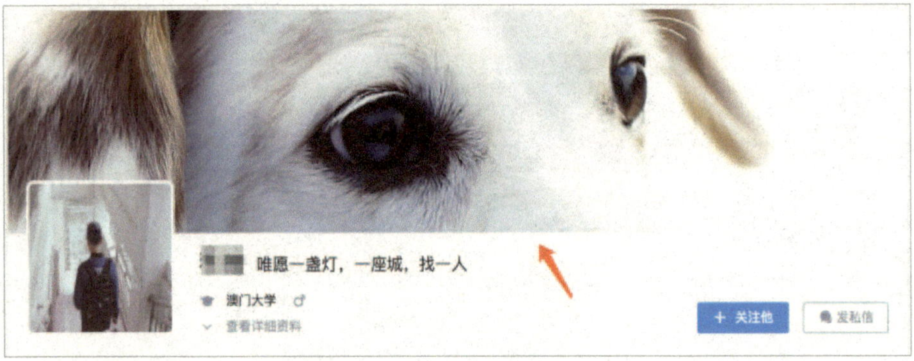

图 6-13　PC 端的封面图

封面图尺寸为 1 920 像素 × 460 像素，上传图片时知乎平台也能提供图片裁剪功能，如图 6-14 所示。

图 6-14　封面图尺寸

3. 个人资料

知乎账号资料设置包括：性别、一句话介绍、居住地、所在行业、职业经历、教育经历和个人简介，运营者可以根据自身的情况进行设置。其中一句话介绍、个人简介与职业经历会直接展示在移动端“个人主页”中，其他的信息则在详细信息中展示，如图 6-15 所示。

在运营者回答问题时，同样也会出现一句话介绍，因此这是一个自然曝光量极大的广告位，我们可以在一句话介绍中留下营销广告以及联系方式等，如图 6-16 所示。

图 6-15 “详细信息”入口

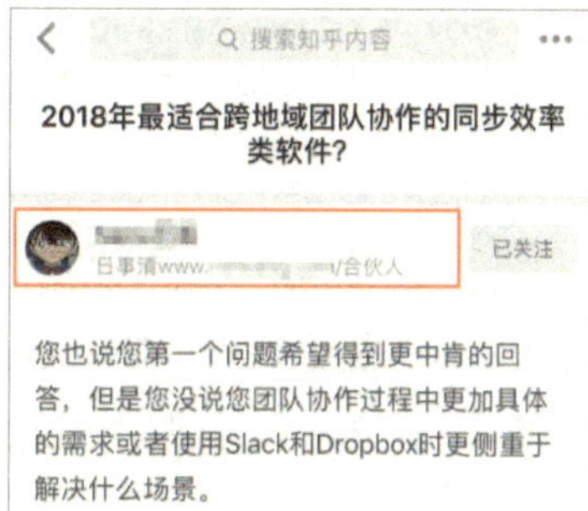

图 6-16 一句话介绍中放上有用信息

任务三 知乎主要功能讲解

任务引导

知乎营销的承载方式是回答问题与发布文章。本任务侧重讲解回答知乎问题和文章写作这两个功能，其他功能操作请自行了解。

一、写文章

在知乎首页点击“写文章”，可以发表知乎文章，如图 6-17 所示。

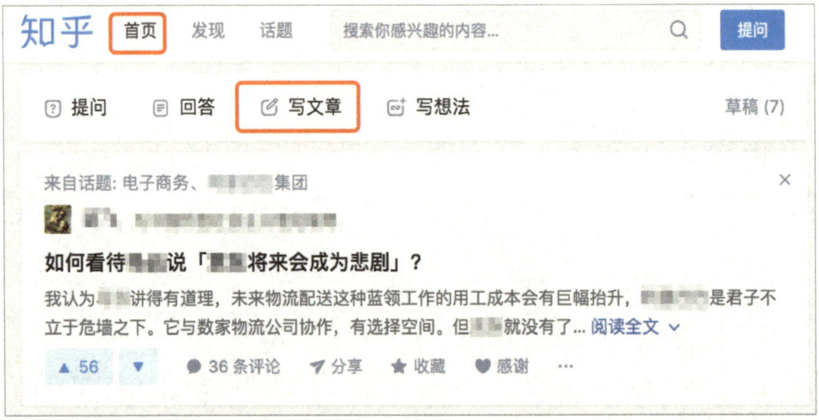

图 6-17 “写文章”入口

进入文章编辑器页面，如图 6-18 所示，编辑器的功能与微信公众号和头条号等的类似，有文章封面图、标题和正文内容样式功能。

图 6-18 文章编辑器页面

文章编辑排版完毕之后，可以点击“邀请预览”，支持所在专栏的编辑或相互关注的知乎好友进行文章预览查看，如图 6-19 所示。受邀请预览的好友可以对文章写下想法和建议，文章发布之后，邀请预览时的想法和建议不会对外公开，只会显示出参与过预览讨论的知乎用户。目前知乎文章预览不支持同一个账号编辑推送至手机预览。

确认文章的内容之后，点击“发布”，并选择文章相对应的话题，便于系统分类检索及让用户看到，如图 6-20 所示。一篇文章最多只能选择 3 个话题，所以尽量选择系统提示的话题。

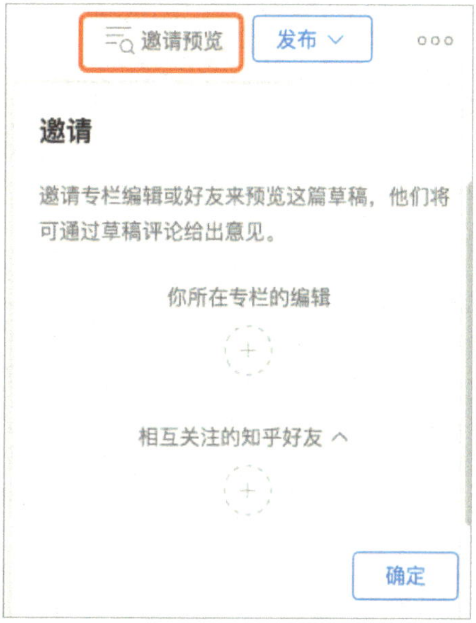

图 6-19 邀请预览

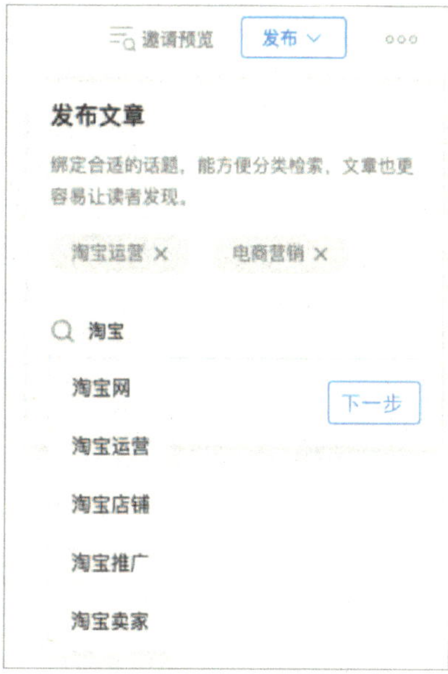

图 6-20 选择对应话题

二、回答

1. 寻找问题

在知乎首页中，点击“回答”进入回答页面，可以选择“为你推荐”，并添加擅长的话题，查看该话题相关的问题并进行回答，如图 6-21 所示。

也可以选择“全站热门”，在热门的问题里面寻找自己擅长的领域进行回答，如图 6-22 所示。

除此之外，用户提问时系统会推荐优质的知乎账号供邀请回答问题，点击“邀请回答”可查看都有哪些问题邀请运营者去回答，如图 6-23 所示。坚持在相同领域下回答问题或编辑文章，即可被系统推荐“邀请回答”。

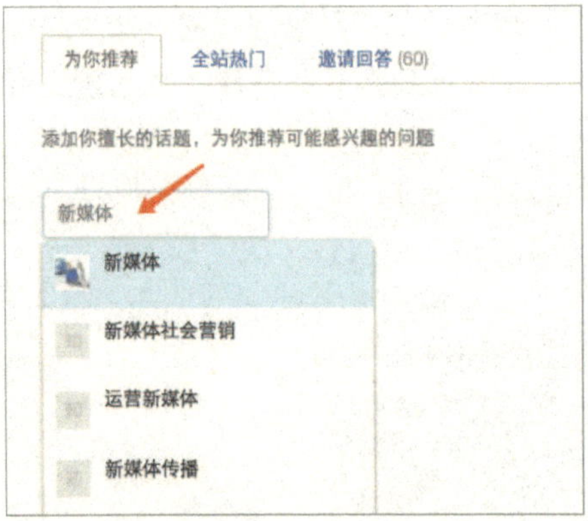

图 6-21 “为你推荐”

图 6-22 “全站热门”

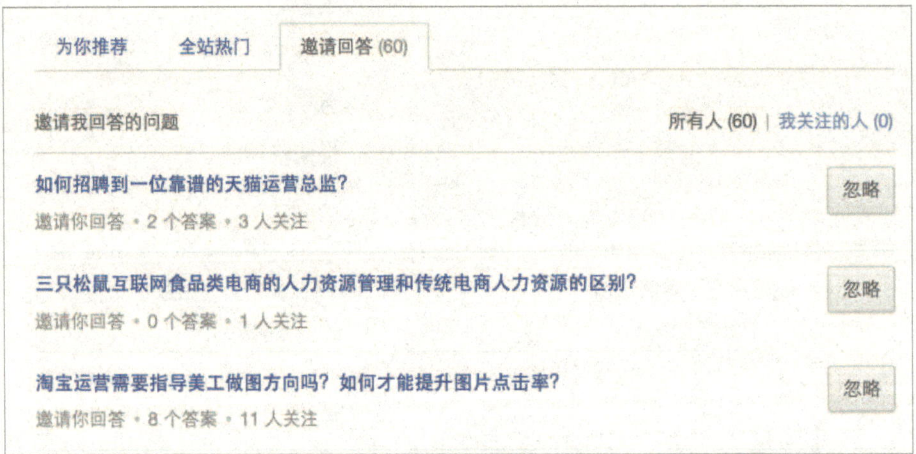

图 6-23 “邀请回答”

2. 编辑答案

点击问题进入详细页面，选择“写回答”编辑答案内容。回答区编辑器功能与知乎文章类似，如图 6-24 所示。

编辑答案的作者可以选择允不允许别人转载至其他平台，以及允不允许别人评论等权限。点击回答区编辑器“设置”即可进行设置，如图 6-25 所示。

图 6-24 “写回答”

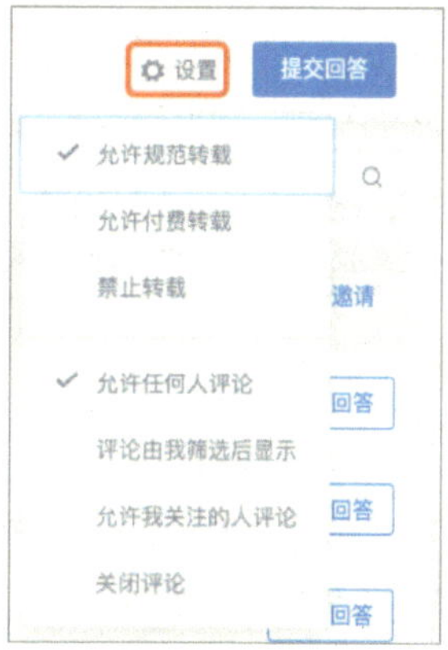

图 6-25 设置转载和评论

3. 问题规范回答

知乎官方出台的《知乎官方指南》对回答问题进行了规范要求，主要有以下五个方面。

不要“灌水”。答案对用户没有任何帮助，其他用户点击“没有帮助”而将答案折叠起来。

提供支撑答案的原因。提出观点以例子或者原因解释，帮助读者理解。

提供有用的信息。回答与问题相关、并且有价值的信息。

介绍链接指向的内容。如果在答案中有提供其他网页的链接，应该说明链接里面的主题。

避免回答与问题不相关且没有意义的答案。

三、知乎专栏

知乎专栏是为特定主题下有持续创作及合作写作需求的用户推送的一个写作工具。用户可以通过创建某领域的专栏成为栏主，与其他用户分享自己的专业知识及相关观点。知乎专栏，是需要申请开通的，通过后即可使用。

1. 申请知乎专栏

在知乎首页中，点击右下角专栏，即可进入专栏管理页面，如图 6-26 所示。

图 6-26 “专栏”入口

2. 申请条件

申请专栏之前，需要先了解专栏申请条件，专栏申请需要经过知乎管理员审核才能申请成功。

① 申请人需要满足的要求：专栏须由本人申请，不可代为申请；申请账号的用户信息需符合《知乎用户信息管理规范》；90 天内在知乎站内无《知乎社区管理规定》中规定的违规行为。

② 申请方向，即专栏绑定的话题。

接受申请的方向：包括但不限于经济学、金融、互联网、科技、科学、心理学、饮食、旅游、家居、汽车等专业方向的内容。

不接受申请的方向：包括但不限于涉及情感、两性、娱乐八卦、随笔、个人成长记录或成长心得、泛时政类（包括“军事”“政治”等话题）、与主流科学观点相悖、可能影响他人利益（如寻医问药建议、心理咨询建议、P2P 金融等）或者绑定过于宽泛的话题。

3. 填写申请资料

满足上述申请条件后，即可开始填写资料申请专栏，如图 6-27 所示。

① 专栏名字：名字一经确定后，180 天内仅可修改一次。

② 专栏话题：专栏绑定的话题即代表专栏的写作方向，请不要绑定过于宽泛的话题。专栏通过申请后不可进行修改，不同的写作方向可以分别申请并创建多个专栏。

③ 专业背景：专栏申请人需具备与写作方向相关的专业背景并在申请中注明；相关背景描述可以是相关教育经历（就读院校、专业）、从业经历（就职单位、岗位）、取得的成就及荣誉，或者有相关的作品等；详细的背景资料说明将有助于通过专栏申请的审核。

图 6-27　填写申请专栏的资料

注意：除法律或有法律赋予权限的政府部门要求或事先得到用户明确授权等原因外，知乎保证不对外公开或向第三方透露用户申请专栏时提供的背景资料。

4. 管理专栏

知乎专栏申请成功之后，可在个人主页的“专栏”中进入专栏详细页面，如图 6-28 所示。

图 6-28　专栏详细页面入口

进入之后，可以写文章发布至专栏，也可以管理专栏，如图 6-29 所示。

图 6-29 “写文章”或“管理专栏”

管理专栏包括：对专栏文章进行置顶、收录、编辑和删除；投稿通知和处理；设置专栏账号角色，有编辑可进行发布文章、管理投稿请求和调整作者权限，还有作者只能发布文章至专栏；设置专栏头像、专栏名、专栏话题、一句话简介、专栏介绍、域名、是否接受投稿和删除专栏。如图 6-30 所示。

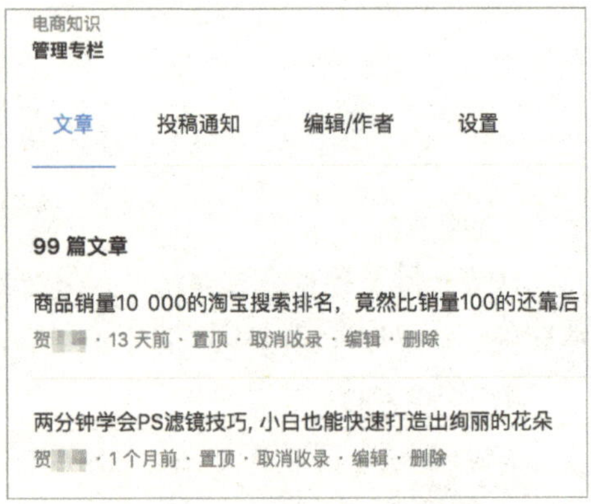

图 6-30 “管理专栏”详细内容

任务四 知乎运营实战

任务引导

知乎问答是目前企业做口碑营销的重要阵地。通过企业官方账号对用户提出的问题进行专业性解答，再辅助知乎专栏的内容输出，塑造正面的企业品牌形象，或以客户身份进行产品推荐与产品评价，从而达到营销目的。

因此在运营知乎时，我们需要找到目标客户人群所遇到的问题，编辑具有说服力的答案，并在答案中适当进行营销。

一、寻找优质问题

1. 通过话题寻找问题

话题是知乎对问题归类的方法。对于每一个问题，知乎都会让提问者勾选归类的话题，所以同一类的问题就被归纳到同一个话题下面。

话题也有上下级关系，例如："创业"话题包括"互联网创业""创业公司"等，同时"互联网创业"话题又包括"共享单车""电子商务创业"等话题。每一个用户都可以关注不同的话题，也可以同时关注上下级的话题。

关注话题之后，知乎会推荐关于该话题的热门问题至用户的知乎首页，如图 6-31 所示。

图 6-31　知乎推荐某话题的热门问题

在知乎首页点击"话题"进入话题页面，如图 6-32 所示。

图 6-32　"话题"页面入口

在话题页面中，会有不同分类的问题可以选择进行回答。同时在话题广场中，可以找到更多不同分类的话题，如图 6-33 所示。

图 6-33　话题页面

在话题广场中，找到与目标客户人群相关度高、关注人数较多的话题进行关注，如图 6-34 所示。

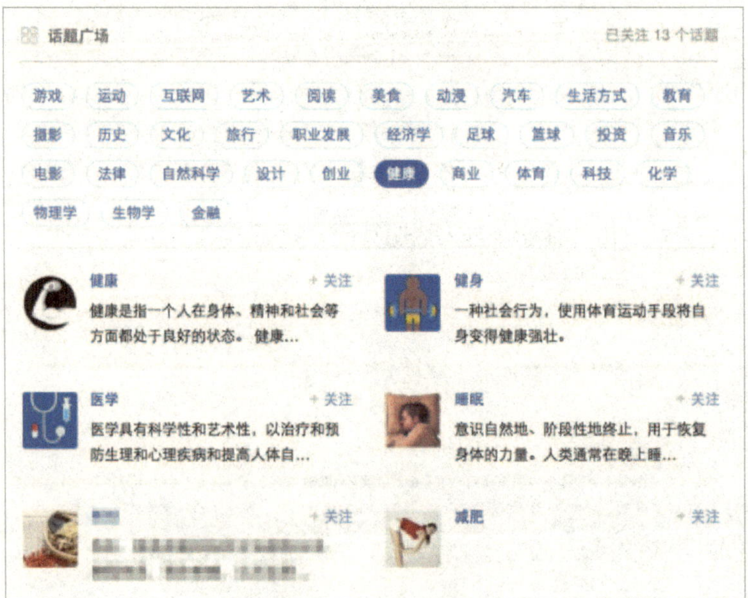

图 6-34　话题广场页面

2. 通过搜索引擎找到问题

在百度、搜狗和 360 搜索等各大搜索引擎，通过相关的关键词可以搜索到知乎的问题，并且知乎网站内容的排名比较靠前，如图 6-35 所示。

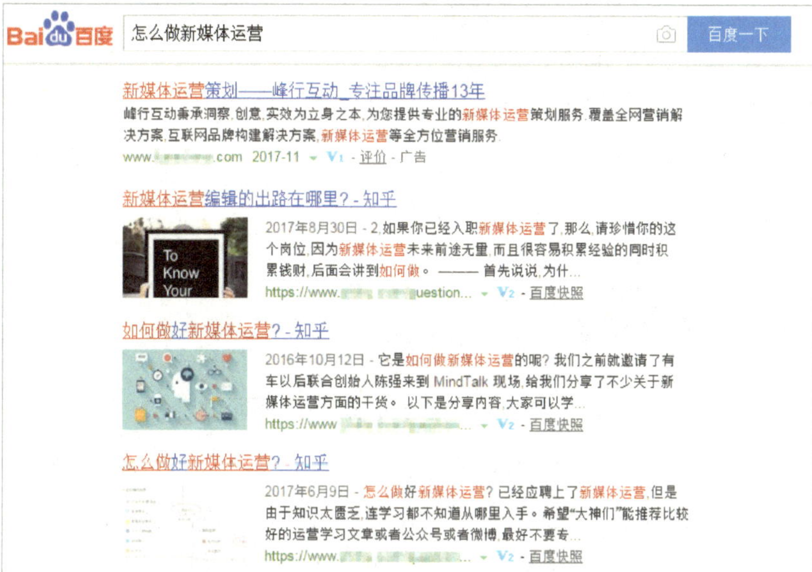

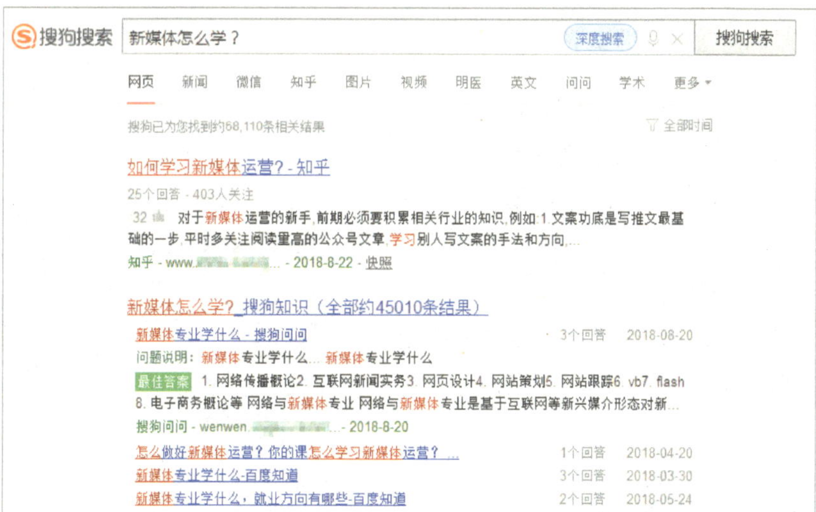

图 6-35　搜索引擎上的知乎问题

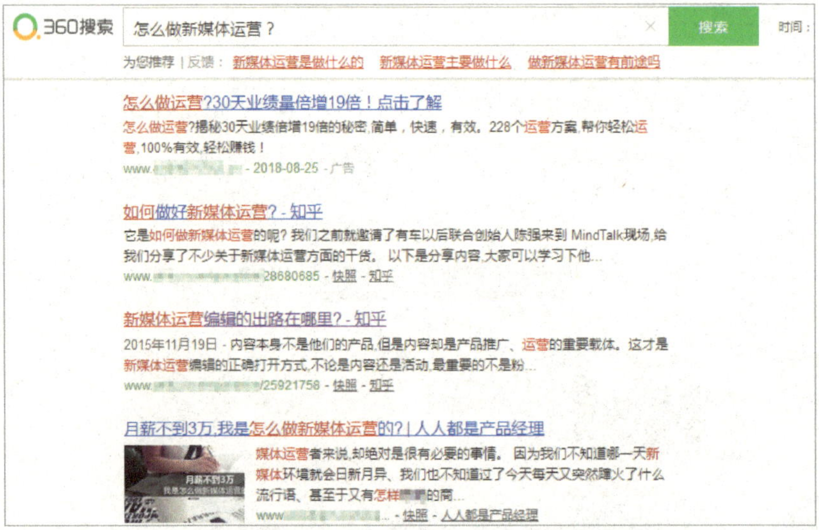

图 6-35（续） 搜索引擎上的知乎问题

因此我们可以运用百家号运营实战中的关键词挖掘的方法，搜索不同关键词所出现的知乎问题。若有些关键词搜索量较大，或者是企业的品牌词等，就可以用其他的知乎账号进行提问，再用官方账号或个人账号进行回答。

二、答案的编辑技巧

对于知乎的问题，初步简单划分为三种类型：生活类、技能类和评论类，不同类型的问题在编辑答案上有不同的方法和技巧。

图 6-36 生活类问题

1. 生活类问题

生活类问题泛指问题内容与生活相关，例如：购物、情感和穿衣搭配等，如图 6-36 所示。

在我们分析知乎平台上生活类问题的优秀答案时，发现大多数的答案均以亲身经历和“神回复”为主，如图 6-37 所示。

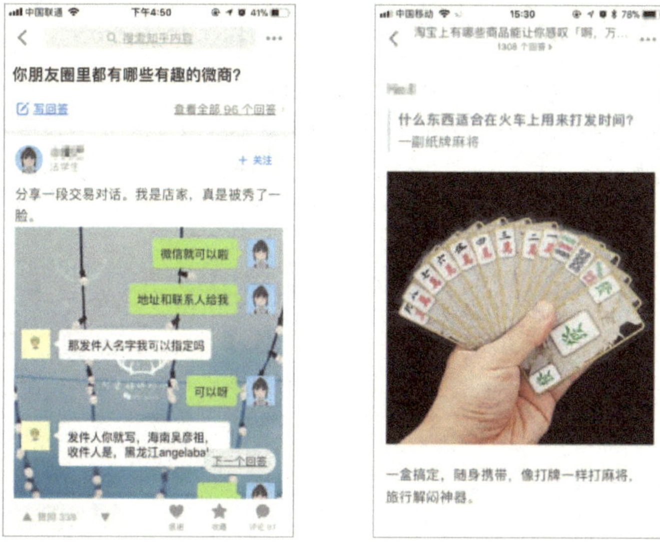

图 6-37　生活类问题的优秀答案

2. 技能类问题

技能类问题泛指问题内容是关于某些技巧类的，例如：怎么运营微信公众号、门店销售技巧等，如图 6-38 所示。

图 6-38　技能类问题

我们在分析技能类问题时，发现优秀答案均以概括罗列技巧要点，或总结技巧的核心等为主，如图 6-39 所示。

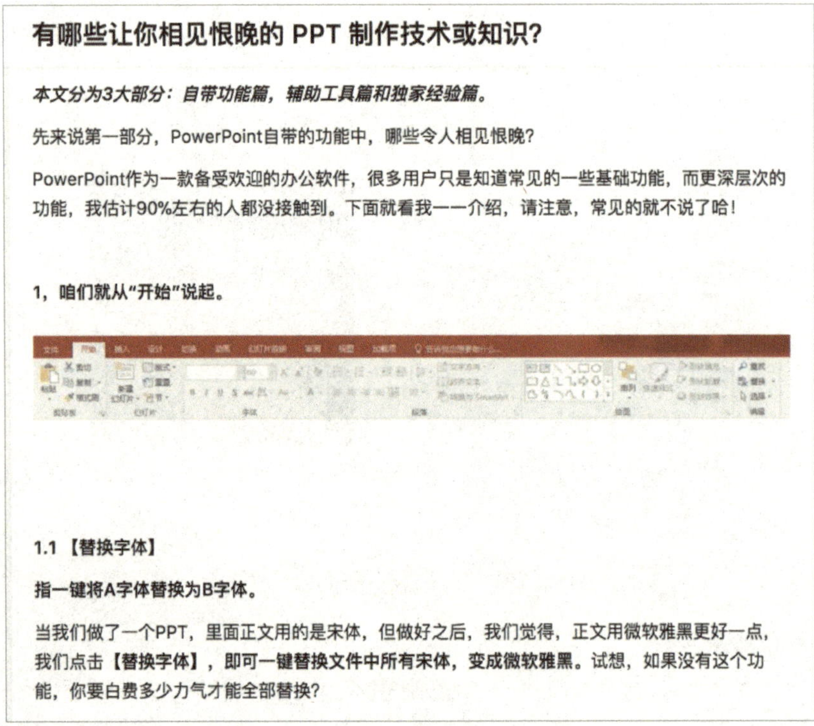

有哪些让你相见恨晚的 PPT 制作技术或知识?

本文分为3大部分：自带功能篇，辅助工具篇和独家经验篇。

先来说第一部分，PowerPoint自带的功能中，哪些令人相见恨晚?

PowerPoint作为一款备受欢迎的办公软件，很多用户只是知道常见的一些基础功能，而更深层次的功能，我估计90%左右的人都没接触到。下面就看我一一介绍，请注意，常见的就不说了哈!

1，咱们就从“开始”说起。

1.1 【替换字体】

指一键将A字体替换为B字体。

当我们做了一个PPT，里面正文用的是宋体，但做好之后，我们觉得，正文用微软雅黑更好一点，我们点击**【替换字体】，即可一键替换文件中所有宋体，变成微软雅黑。**试想，如果没有这个功能，你要白费多少力气才能全部替换?

图 6-39　技能类问题的优秀答案

3. 评论类问题

评论类问题泛指问题内容是怎么看待某一个人物、某一个事件或某个社会现象等，例如：“如何看待捡了手机不还的人？”、“如何看待 2018 年春晚直播期间‘淘宝崩溃事件’？”等，如图 6-40 所示。

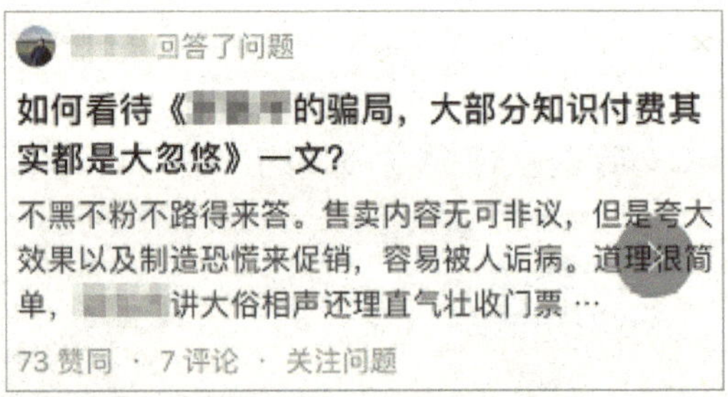

回答了问题

如何看待《■■■的骗局，大部分知识付费其实都是大忽悠》一文?

不黑不粉不路得来答。售卖内容无可非议，但是夸大效果以及制造恐慌来促销，容易被人诟病。道理很简单，■■■讲大俗相声还理直气壮收门票 …

73 赞同 · 7 评论 · 关注问题

图 6-40　评论类问题

关于这类问题，在知乎上大多数优秀答案均是事件过程与细节的分析，再总结分析得出的观点，如图 6-41 所示。

如何看待 2018 年春晚直播期间“淘宝崩溃事件”？

淘宝到底“崩溃”了什么？

- 活动共 4 场，只有第一场的用户会有一定概率遇到以下问题：
  - 部分用户登录出现限流；
  - 部分用户购物车打不开；
  - 部分用户活动页出现限流。
- 归纳起来，就是需要登录才能用的很多功能都出现了问题。

淘宝是怎么“崩溃”的？

- 看上去问题很多，关键的问题就一句话：登录系统被打到限流了……
- **怎么被打到限流的？** 真的是因为大家的热情太吓人，尤其是春晚期间，不少长辈对淘宝“路转粉”，导致新增用户的瞬间调用登录系统量暴增，出现限流情况……其中有一个小细节，并非直接使用登录功能才会调用到登录系统，淘宝APP是长登录的，进入APP后系统也会有机制自动调用登录系统刷新登录状态，所以其实那个瞬间登录系统的压力还是非常大的……
- **事情发生后现场情况？**当然是吓得冷汗都下来了……赶紧让登录系统在现场值班的同学进行扩容，扩容动作倒真不慢，第一场结束前已经陆续恢复了，第二场开始前容量就够了，所以后面三轮互动都没有出现这些问题……
- **为什么会被打到限流？** 确实是因为我们对登录系统的容量评估失误导致的……但很多同学不知道的是，我们其实很早就预估到了登录系统的压力。当时我们经过充分的讨论和商议，基于一些历史数据推导出了种种极端情况，最终决定稳妥起见，***以2017年“双十一”的容量为基础，对登录再扩容个3倍！***……结果，春晚当晚登录的实际峰值超过了2017年“双十一”的**15倍**，尤其新用户的瞬时登录更是完全超出预料……

总结起来，那就是……我们真的对春晚的力量一无所知……

图 6-41　评论类问题的优秀答案

三、答案排名

知乎的每一个用户都具备回答问题的权限，因此同一个问题会出现很多个答案，特别是一些热门的问题会出现上千条答案。知乎也对这些答案进行排序，根据答案反馈的数据结合算法排列答案的前后位置。在这些答案中，排名越靠前的，曝光量也就越大。

1. 投票原理

知乎在每一条答案底下设置了两个投票项“赞同”与“反对”，分别是箭头向上与箭头向下，如图 6-42 所示。在答案中会显示赞同的票数，也就是赞同该答案的人数，而反对票数不显示。

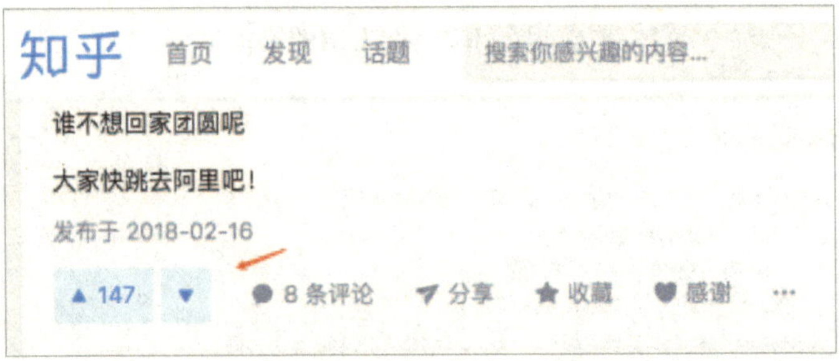

图 6-42 投票项“赞同”与“反对”

2. 算法原则

① 所有用户看到的答案排序是相同的。

② 获得赞同会使回答的排序上升，获得反对则会下降。例如：有一个新的回答，你通过让朋友点赞，短时间内获得了一个不错的排名。但是，后续因为质量不是很优质，新看到的用户不为你的答案买单，点了反对，那么这个答案就会被重新计算排名，可能又回到一个比较靠后的位置。

③ 在某个领域下 (根据问题添加的话题区分) 的优质回答会提高用户在该领域下的投票权重。例如：张君比较擅长互联网的话题，在这个话题下方有多个优质的回答，那么他在互联网话题里面的投票的权重就高于普通用户的投票，可能他投 1 票就相当于普通用户的 100 票 (数据虚拟)。

④ 领域下高权重用户的投票对排序有更大影响，他们的回答排序也更高，可以理解为每个人会默认对自己的回答投 1 票赞同。

⑤ 使用匿名身份投票或答题时，不会计算用户的权重。

3. 知乎的反作弊机制

知乎的反作弊机制是为了防止有人通过用同个账号短时间内在知乎社区回答，造成知乎回答质量变低，而采取的一种净化社区的手段。那么我们想要通过知乎做营销就一定要了解这个机制，避免被系统屏蔽。

① 什么情况下反作弊机制会启动

如果你从别的地方复制粘贴过来的答案，然后直接发布在回答里，那么过一会你就会发现自己的账户被反作弊机制屏蔽了。

另一种情况就是，如果在短时间内密集发布回答，比如你在 10 分钟内连续回答了 3 个问题，同样会被反作弊机制屏蔽。

② 如何避免被反作弊机制屏蔽

针对第一种情况，因为知乎的反作弊机制是按照页面停留时长计算的，如果页面停留时长过短，就回答了一个问题的话，就很容易触发反作弊机制。那么，如果你是从别处复制答案过来的话，建议页面停留时长在30分钟以上，我们把这些叫做“页面停留原则”。

针对第二种情况，要错开时间回答。比如一天你想回答3个问题，那么可以选择早中晚三个时间来发，这样的话不容易触发系统的反作弊机制。当然错开时间的同时也要遵循页面停留原则。

项目实训

1. 注册知乎账号，设置知乎账号资料并回答3个问题。

2. 申请知乎专栏并发布2篇文章，同时2篇文章投稿到他人主编的专栏。

项目总结

本项目主要介绍知乎后台操作与运营实战。从知乎平台介绍与用户画像分析入手，分析了知乎营销案例、知乎账号注册与资料设置，还讲解了知乎问题回答、文章编辑和专栏申请操作，并对优质问题寻找、答案编辑技巧、答案排名和知乎的反作弊机制做了深度讲解。

在学完知乎运营之后，读者可举一反三运营相似的问答平台和社区。与此相似的问答平台和社区有百度贴吧、豆瓣和百度派等，具体的平台运营规范与后台功能，可通过平台的帮助中心做进一步的查阅。

Chapter 7

阿里创作平台（原淘宝达人）运营

项目综述

阿里创作平台是淘宝达人平台的升级版，于 2017 年 3 月 31 日正式上线。不仅提供强大的内容生产工具、更高效的内容分成曝光机制，还提供内容变现转化模式：CPS 淘宝客佣金结算、阿里 V 任务商家合作和动态奖励推广，让优质原创内容的创作者拥有一份可观的收入，也激励了很多内容创作者入驻阿里创作平台。

小林了解完阿里创作平台的介绍后，想在阿里创作平台上发布内容，吸引客户去公司的网店购买产品，下单转化，因此他找来了小陈咨询关于阿里创作平台的运营。小陈建议小林从以下几个方面入手：了解阿里创作平台规则；注册账号与设置资料；熟悉后台主要功能；完成阿里创作平台的新手任务；学习平台的粉丝运营、账号等级提升和平台变现方式。

项目目标

通过本模块的学习，应达到的具体目标如下：

知识目标

- 了解阿里创作平台规则及发展趋势
- 掌握阿里创作平台注册及后台操作
- 了解平台内容写作技巧
- 了解阿里创作平台粉丝获取方式
- 了解阿里创作平台的变现方式与技巧

技能目标

- 注册阿里创作平台
- 学会写阿里创作平台的文章
- 掌握获取创作平台粉丝的方式
- 学会分析阿里创作平台的数据及优化

项目任务

任务一　熟悉阿里创作平台规则
任务二　阿里创作平台账号注册与资料设置
任务三　阿里创作平台后台主要功能讲解
任务四　阿里创作平台新手任务
任务五　阿里创作平台粉丝运营
任务六　阿里创作平台账号等级提升
任务七　阿里创作平台的变现方式

任务一 熟悉阿里创作平台规则

任务引导

当我们接触新的平台时，要先了解平台有哪些内容分发渠道，也就是用户将通过哪些入口阅读内容，以及平台都有哪些规则。只有充分地了解这两个方面的内容，我们才能知道该怎么去优化提高阅读量，该怎么去获取更多的平台收益。

一、阿里创作平台概况

阿里创作平台是淘宝和天猫内容创作平台，例如：淘宝首页中的淘宝头条、生活研究所、有好货、蘑菇街等频道的内容均由阿里创作平台提供，如图 7-1 所示。每一个用户都可以通过阿里创作平台注册账号，编辑内容发布投稿至淘宝各大内容频道。

图 7-1 阿里创作平台提供的内容频道

除淘宝各大内容频道以外，移动端淘宝“微淘”页面的内容也是阿里创作平台的内容曝光渠道，如图 7-2 所示。

在 2016 年，阿里创作平台的内容创作者已经达到 115 万，整体内容的消费量同比增长 300%，整一年中内容创作者共享 18 亿内容佣金。同时在“2017 天下网商大会”，淘宝产品和消费者平台内容的生态总监陈镭表示，将在未来三年共享 100 亿内容佣金，共同繁荣内容电商新生态，因此阿里创作平台也被称作是“最接近钱的新媒体平台”。

图 7-2 “微淘”

二、阿里创作平台分发渠道

作者通过阿里创作平台进行内容编辑发布之后，文章的曝光渠道主要是来自于频道投稿、活动投稿和粉丝自运营。

1. 频道投稿

频道投稿是官方小二创建的频道招投活动（如淘宝头条、淘宝直播、必买清单、有好货等）。小二会明确表达频道展现位置、频道定位、内容创作者要求、内容要求、频道管理规范，内容创作者可根据频道的要求报名参与频道投稿。截至目前，内容创作者可参与的频道已过百，主要包括手机淘宝、猫客、支付宝等 APP 的各种前台场景。

频道投稿是阿里创作平台的内容分发渠道中流量最大的，也是大多数内容曝光量最大的渠道。阿里创作平台的作者主要是通过频道投稿来获得收益。

2. 频道投稿流程

由于淘宝将频道的入口直接放在淘宝首页，所以频道投稿是流量最大的，也是管理最严格的。频道投稿资格需要达到一定的条件后才能申请，申请通过后每一次的投稿还得经过官方小二的再一次审核才能真正地展示给用户，投稿流程如图 7-3 所示。

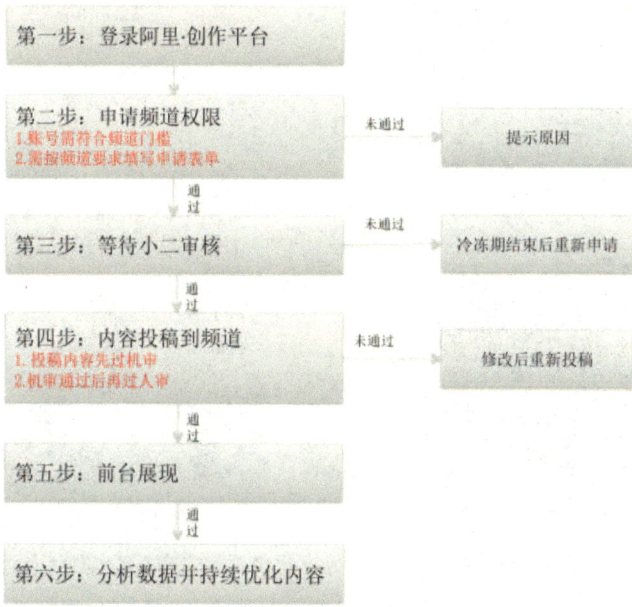

图 7-3　投稿流程

3. 活动投稿

活动投稿是官方小二发布的主题性官方内容招募活动。小二会明确表达招募内容的主题、类型、要求，并且圈定可以参与的达人范围或商品池。内容创作者根据其内容要求进行创作并投稿。

活动投稿是由官方根据不同的时期来进行征集内容，因此对于投稿资格没有要求，任何一个阿里创作平台的作者都可以根据活动要求与内容要求选择参与活动投稿。

因此在入驻阿里创作平台初期，账号质量达不到频道投稿的申请要求时，可通过活动投稿来不断地提高账号质量。

4. 粉丝自运营

作者通过各个渠道吸引用户在淘宝上找到其达人主页并关注，如图 7-4 所示。在阿里创作平台进行内容编辑并群发推送给所有的粉丝，这些内容在粉丝的“淘宝微淘”页面将会以信息流的形式展示，如图 7-5 所示，或以内容号的形式展示，如图 7-6 所示。

图 7-4　吸引用户关注

图 7-5　内容在粉丝的页面展示

图 7-6　以内容号的形式展示

作者可通过外部社交平台和工具（例如：微信、微博和今日头条等）引导用户关注账号，即平台外拉新，或通过淘宝公域渠道（例如：活动投稿、频道投稿和淘宝直播等）引导用户关注账号，即平台内拉新。

任务二 阿里创作平台账号注册与资料设置

任务引导

阿里创作平台账号注册跟其他的新媒体平台有所不同，需要注册两个平台账号，一个是阿里创作平台账号，用于账号管理和内容编辑发布，是核心的平台；另外一个是阿里妈妈平台账号，用于后期 CPS 淘宝客的商品管理与佣金结算。这两个平台都可以用同一个淘宝账号进行注册。

一、阿里创作平台账号注册

1. 通过百度搜索“阿里创作平台”或者输入淘宝网址进入

阿里创作平台首页如图 7-7 所示。

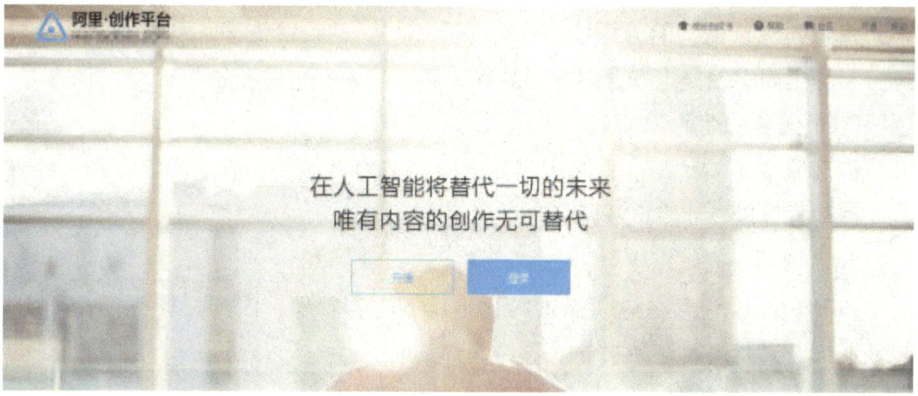

图 7-7 阿里创作平台首页

2. 选择注册类型

下文以注册微淘号 • 达人为例做演示。

阿里创作平台有三种身份类型的账号，在开通账号时，需要选择账号类型，如图 7-8 所示。

图 7-8　账号类型

①微淘号 · 达人

以生产原创内容的个人、自媒体、知名媒体、导购网站、热门应用等为主体，提供角色认证、能力评估、内容生产引导、招投稿流通、私域自运营、数据分析等全面的创作服务，以及与品牌、商家的内容交易服务。

②微淘号 · 商家

以商家为主体，提供私域内容推送、公域内容投稿、店铺内容互动、粉丝运营能力提升以及商家全链路内容推广服务。

③品牌号

以知名品牌商为主体，提供内容生产、内容管理、内容投放等创作能力，以及品牌全链路内容交易服务。

3. 进行账号检验

阿里创作平台的所有账号注册都需实名，所有账号需要绑定支付宝，并通过支付宝实名认证，如图 7-9 所示。

图 7-9　账号检验

4．注意事项

① 实名认证若为个人身份，则需要年满 18 周岁，且个人身份下仅可开通 1 个创作号。

② 企业身份可开通多个创作号。

③ 账号所有者的身份主体需要与绑定的支付宝保持一致，否则将无法通过身份认证等环节。

④ 开通后的旺旺账号若解绑支付宝，则将限制使用平台功能，直至重新绑定支付宝。

⑤ 若旺旺账号重新绑定新的支付宝，则需要登录阿里妈妈淘宝联盟后台去更新支付宝信息，否则将影响结算。

⑥ 如果为企业，企业须完成支付宝企业实名认证，且同一营业执照下只能允许 10 个淘宝账号入驻。

5. 填写账号基础信息

实名认证之后，需要完善账号信息与联系人信息，主要包括账号名称、账号头像、账号简介、联系人姓名、联系人电话和联系人邮箱，如图 7-10 所示。账号信息中不能出现联系方式等营销性质的内容，提交后将立即开通账号并开始创作之旅。

图 7-10　完善账号信息与联系人信息

二、资料设置

开通阿里创作平台账号之后进入管理后台，在左侧导航栏“账号”下的“账号设置”里修改账号信息，只能修改账号名称、账号头像、账号简介、结算信息和搜索直达，如图 7-11 所示。其中官方规定账号名称、账号头像和账号简介不能包含促销、侵权和联系方式等营销性质的信息。

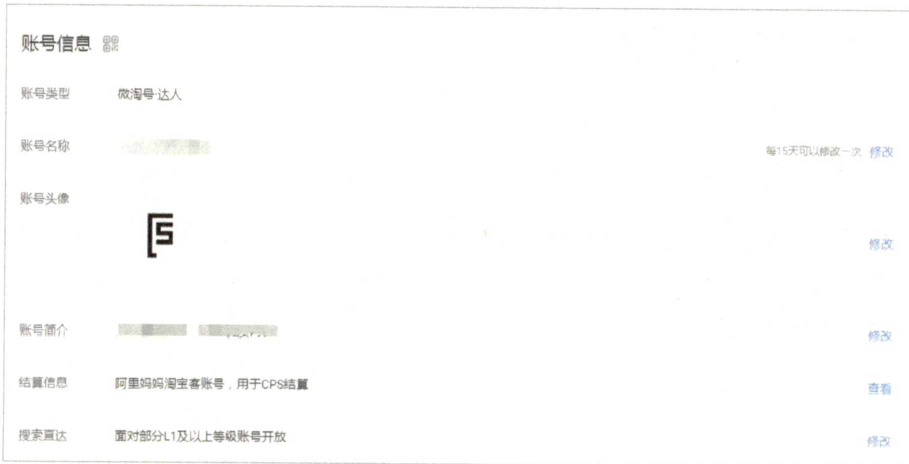

图 7-11　修改账号信息

除账号信息外，联系人信息也可以修改，同样在左侧导航栏“账号”下的“账号设置”里面，如图 7-12 所示。

图 7-12　修改联系人信息

任务三 阿里创作平台后台主要功能讲解

任务引导

在本任务中，着重讲解阿里创作平台的内容创作、内容投稿、粉丝自运营功能，其他的功能可通过帮助中心了解。

一、内容创作

在阿里创作平台左侧导航栏“创作”下的“发布新作品”里，可以选择不同类型的内容编辑，分别有帖子、短视频、清单、单品和搭配五种类型的内容形式，如图 7-13 所示。

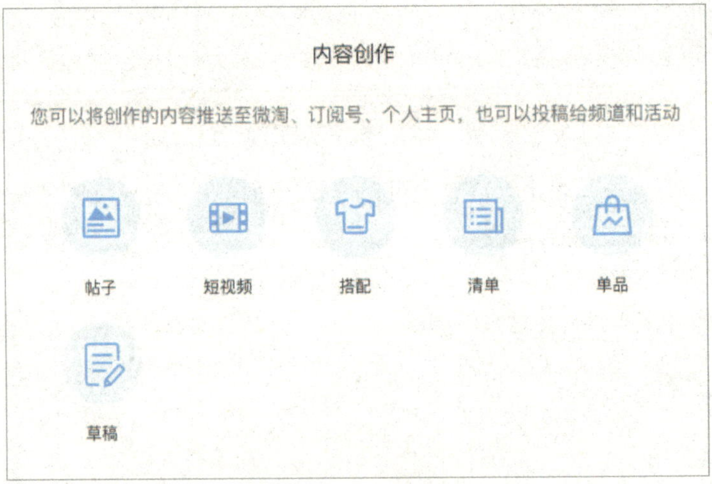

图 7-13　内容类型

1. 帖子

帖子是长篇图文类型的内容，与微信公众号的文章相似，如图 7-14 所示，它是阿里创作平台上使用较多的一种内容类型。

打开手机淘宝扫一扫，可查看示例

图 7-14　帖子

同时官方也对帖子的内容规范做了要求，如图 7-15 所示。

分类		基本要求
文本	标题	如果字数≥10个汉字，则必须用标点符号或空格进行断句
		标题主旨和正文内容需要保持一致，不能是标题党
		标题不能过于简单，需要包含场景、时间、风格、人群、地域、品类、功能、价格、稀缺性、其他品类特有属性（口味、运动名称等）中至少2个元素
	正文	正文字数≥500字
		内容有自己明确的观点，逻辑清晰不发散
		商品推荐理由不能用卖货的语气，可以从用户的角度种草，也可以从品牌介绍的角度介绍
图片	封面图	在正文插图中必须能找到相似或相同图片
		封面图主题尽量靠右
	插图	图片数量≥5
		单张图片高度尽量不要超过1/2手机屏幕高度
		推荐商品时，不要仅放置单张图片，需要放置一些体现商品细节的图片
		商品图和插图，必须要调性一致，调性包括风格、背景、滤镜、价格感等
		整体文章的图片版式和类型不要过于一致，正方形、竖图、拼接图、动图至少需要选择3种
		图片需要和上下文保持紧密关系（如何判定紧密性？即假设把这些插图换个顺序是否也不影响阅读）
排版		正文至少需要包含文字和图片2种元素
		图片比例至少占文章整体篇幅的30%
		合理分段，每段文字≤150字
		文中对消费者有重要意义的关键词和关键短语可以用下划线或加粗字体形式表示，不能超过10个字连续标注
		和图片强相关的描述文案可以用三角形箭头表示两者的联系关系，但描述文案不要超过2行
		使用特殊符号，种类不宜超过3种，且不要连续大幅度出现
		商品推荐篇幅不宜超过整篇内容篇幅的1/4

图 7-15　帖子的规范

2. 短视频

短视频指播放时间少于 3 分钟的视频。支持 mp4、mov、flv、f4v 的视频格式，视频文件小于 1 000MB，也可以在视频内插入互动玩法等，如图 7-16 所示。

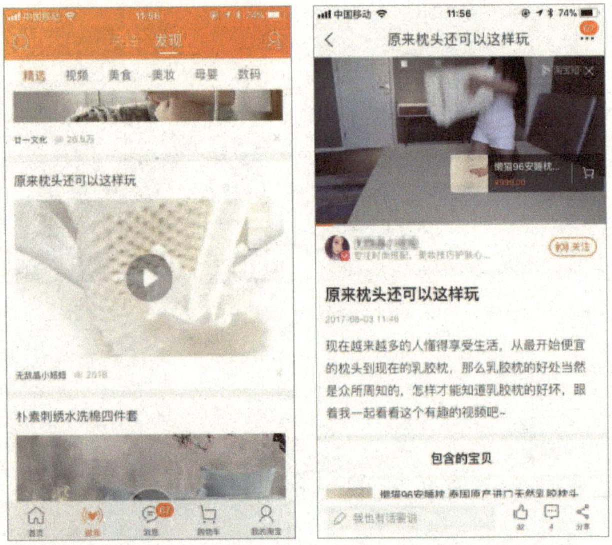

打开手机淘宝扫一扫，可查看示例

图 7-16　短视频

同时官方也对短视频的内容规范做了要求，如图 7-17 所示。

分类		要求	不合规情况（包含但不限于以下）
文本	标题	必须包含以下元素中的一个或多个：视频利益点、适合对象、应用场景、视频内容分类	只有一句让人摸不着头脑的话
	视频描述文案	视频内容的梗概，包括为什么做这个视频、视频适合观看对象、视频亮点、视频补充说明、行动点文案	直接套用视频标题
视频内容		时长3分钟以内	视频太长
		包含视频主题说明，介绍视频大概讲啥，能给用户带来什么	毫无逻辑
		必须有亲身示范	没有示范
图片	封面图	人物真实形象抠图或视频场景（如做菜的菜品）	纯文案封面图
		图片元素与主题呼应	封面和主题无关
商品		必须是视频中出现的宝贝	宝贝和视频无关

图 7-17　短视频的规范

3. 清单

作者围绕某一主题推荐系列的商品，其中包括主题、推荐理由、封面图和推荐商品，如图 7-18 所示。

打开手机淘宝扫一扫，可查看示例

图 7-18　清单

同时官方也对清单的内容规范做了要求，如图 7-19 所示。

分类		要求	不合规情况（包含但不限于以下）
文本	标题	必须包含以下元素的一个或多个：清单卖点、属性、价位、人群、场景等	以单品名称作为标题，毫无主题感
	清单主题文案	根据标题展开说明将商品组织成清单的原因或看点	没有说明组成清单的原因和看点，语言空洞
	商品推荐文案	简要突出商品卖点	直接同步商品标题
		20字以内（包括20字）	超过20字
图片	共性要求	没有文案、LOGO、折扣等信息	有文案、LOGO、打折促销信息等
	商品图片	白底图、浅色背景图、场景图均可，白底图为佳	布满文案的图片
		正方形	非正方形
		主体突出，一眼就知道是什么商品	拼接图
商品		和清单主题调性一致	高质量的主题，但推荐价格极低的商品
		突出精选感	特价促销商品堆砌
		不能出现同型号的商品	比如推荐2个同型号的高露洁牙刷
		商品品类≥4个	比如不能全部都推荐男鞋或连衣裙

图 7-19　清单的规范

4. 单品

作者只能推荐某一款商品，其中包括标题、推荐理由、商品主图或视频，如图 7-20 所示。

打开手机淘宝扫一扫，可查看示例

图 7-20　单品

同时官方也对单品的内容规范做了要求，如图 7-21 所示，其规范与清单的规范一致。

分类		要求	不合规情况（包含但不限于以下）
文本	标题	必须包含以下元素的一个或多个：清单卖点、属性、价位、人群、场景等	以单品名称作为标题，毫无主题感
	清单主题文案	根据标题展开说明将商品组织成清单的原因或看点	没有说明组成清单的原因和看点，语言空洞
	商品推荐文案	简要突出商品卖点	直接同步商品标题
		20字以内（包括20字）	超过20字
图片	共性要求	没有文案、LOGO、折扣等信息	有文案、LOGO、打折促销信息等
	商品图片	白底图、浅色背景图、场景图均可，白底图为佳	布满文案的图片
		正方形	非正方形
		主体突出，一眼就知道是什么商品	拼接图
商品		和清单主题调性一致	高质量的主题，但推荐价格极低的商品
		突出精选感	特价促销商品堆砌
		不能出现同型号商品	比如推荐2个同型号的高露洁牙刷
		商品品类≥4个	比如不能全部都推荐男鞋，连衣裙

图 7-21　单品的规范

5. 搭配

作者把商品搭配成一个套装，然后进行套装推荐，引导用户购买整个套装的商品，如图 7-22 所示。搭配类内容大部分发布在淘宝首页的“iFashion”频道。

打开手机淘宝扫一扫，可查看示例

图 7-22　搭配

同时官方也对搭配的内容规范做了要求，如图 7-23 所示。

分类		要求	不合规情况（包含但不限于以下）
文本	标题	简要描述搭配要素或搭配试用的场景、风格、人群或搭配的目的	用符号将单品名称连接起来：白衬衫+小脚裤+高跟鞋
			仅说明单品名称：飘逸的连衣裙
	搭配主题文案	着重说明这几个单品之所以能组合成一套搭配的理由	只介绍其中一个单品
			使用空泛无意义的词汇（比如潮流百搭、精致面料、街头范儿、时尚范儿、柔软舒适）
图片	搭配主图	锚点名称和推荐的商品一致	锚点名称重复、锚点和商品对不上
		锚点距离合适	锚点距离太近，重合
		图片中的元素体现搭配感	放置单品图片
	商品图片	主体突出，一眼就知道是什么商品	放置拼接图
商品		锚点对应商品必须和搭配图上的商品一致	商品和搭配主图上的商品款式不同
		每个搭配中至少包含3个不同二级类目的商品	全部是同一类目下的商品，如全是椅子、全是奶瓶

图 7-23　搭配的规范

二、创意中心

阿里创作平台左侧导航栏“创作”下的“创意中心”页面如图 7-24 所示。创意中心是阿里创作平台基于大数据为作者提供的创意发现服务，意在通过淘内外消费者关注的热点、热门内容和主题，激发创作者的创作灵感。

图 7-24 “创意中心”页面

除了根据热点事件与热门内容来进行创作以外，也能通过细分人群来进行内容创作，如图 7-25 所示。

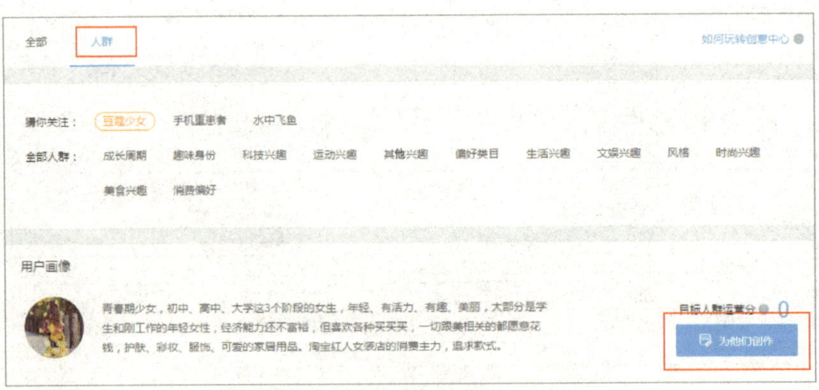

图 7-25 通过细分人群进行内容创作

阿里创作平台为了鼓励作者根据创意创作优质内容，将创意中心和前台场景进行合作，面对有优质内容生产潜力的创作者推出了“青芒计划”，具体如下。

有优质内容生产潜力的创作者定义：达人指数≥ 500、近 30 天发布至少 3 篇健康分≥ 50 的帖子。

创意中心内容投放流程如图 7-26 所示。一期合作的前台场景为“猜你喜欢”“生活研究所”等。

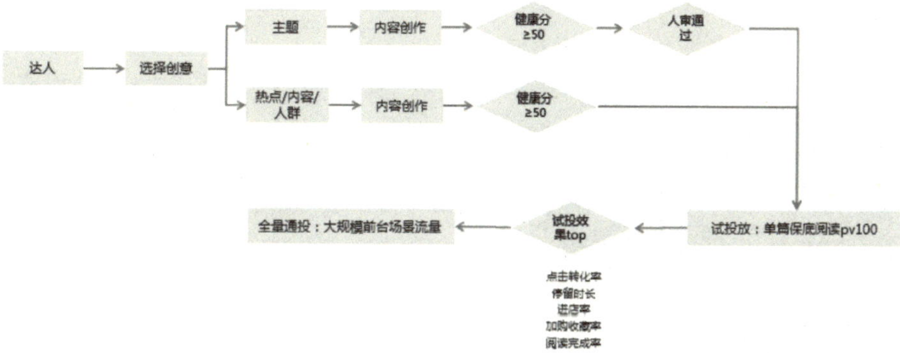

图 7-26　创意中心内容投放流程

三、频道投稿

在阿里创作平台左侧导航栏“投稿”下的“频道投稿”处进入页面，如图 7-27 所示。频道投稿需要作者的阿里创作平台账号达到频道投稿资格的申请要求，提交资料申请通过后才能投稿至各大频道。

点击“频道申请”查看每一个频道的介绍与申请要求，如图 7-28 所示。同一个账号可申请多个频道，也可以同时投稿多个频道。

对满足申请条件的频道，可点击“申请开始投稿”填写申请资料，如图 7-29 所示。官方小二会审核申请信息并决定是否通过申请，作者可根据自身的情况选择需要开通哪些频道。

申请资料中需要填写运营者信息、主体身份信息、申请信息和工作室信息，其中主体身份信息可不填，其他的为必填项。

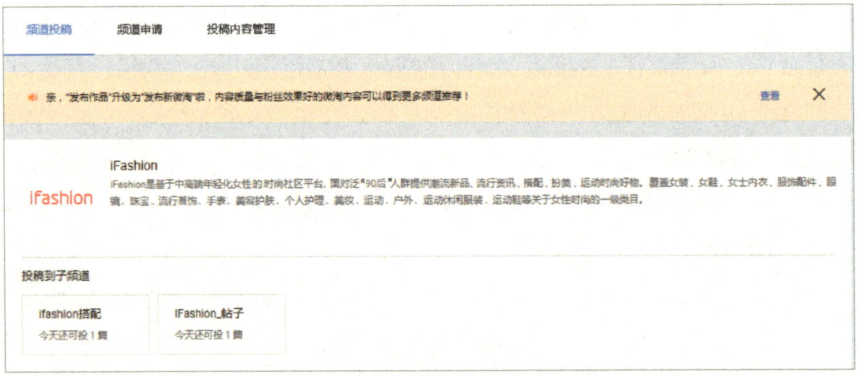

图 7-27　“频道投稿”页面

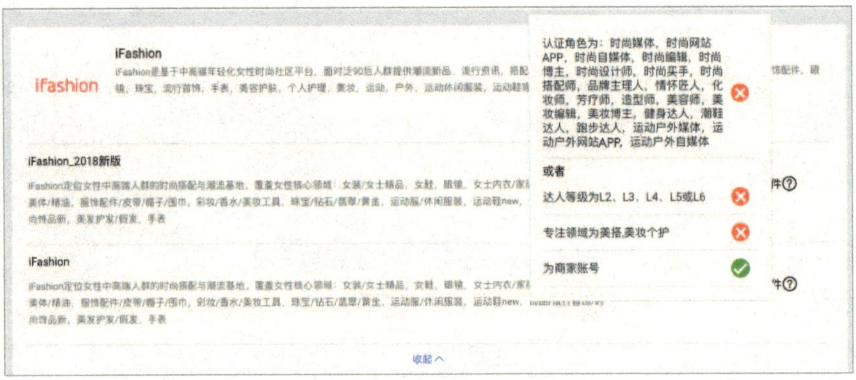

图 7-28　频道介绍与申请要求

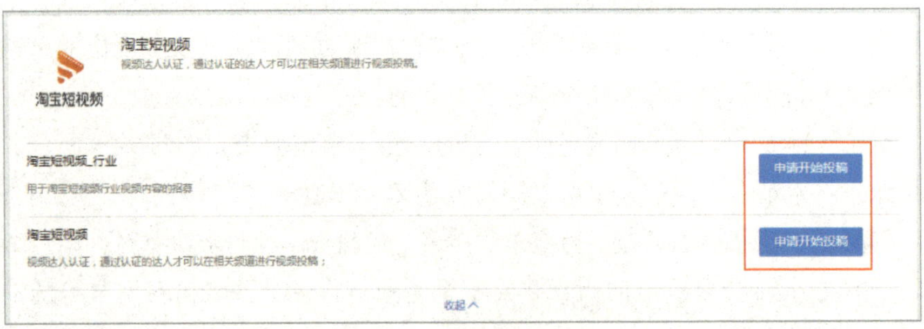

图 7-29　“申请开始投稿”

影响审核结果的主要因素是申请信息里面的申请理由、稿件样例和外部平台资质，如图 7-30 所示。关于这三部分的信息填写技巧如下：

图 7-30　影响审核结果的主要因素

申请理由：请描述你在这个达人领域内的经验、成功经历和成绩，不要表决心。

稿件样例：很多渠道实际是需要 5 篇样本文章的，所以第一步要求大家一定要准备好 5 篇图文内容。

外部平台资质：这个部分如果渠道要求，请一定要写；如果渠道不作要求可以不写。填写的话一定要上传认证过的外部平台后台截图。

在频道申请期间，需要保持账号的活跃度，每周至少持续产出 1~2 篇文章，同时也将内容进行活动投稿。

四、活动投稿

在阿里创作平台左侧导航栏“投稿”下的“活动投稿”处进入页面，如图 7-31 所示。活动投稿是官方小二发布的主题性官方内容招募活动。小二会明确表达招募内容的主题、类型、要求，并且圈定可以参与的达人范围或商品池；内容创作者根据其内容要求进行创作并投稿。

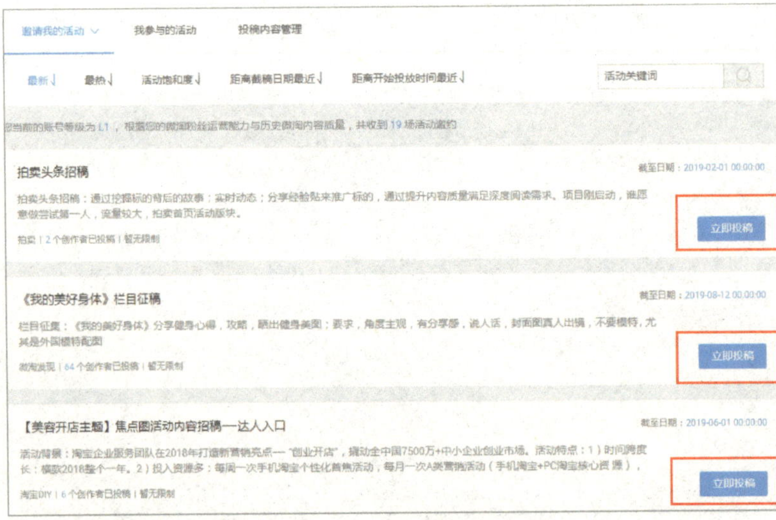

图 7-31 “活动投稿”页面

阿里创作平台的作者都有机会参与活动投稿。具体能参与哪一个活动，是由活动的发布小二根据其活动具体要求而设定的。因此，只要在“活动投稿”下的“邀请我的活动”中展示的活动，都可以参与，否则表示目前暂时没有合适的活动可以参与。

内容投稿后，进入机审—人审环节。由活动发布小二进行审核，审核成功后，内容将在官方渠道进行曝光；若审核不成功则退回修改。

五、粉丝自运营

在阿里创作平台左侧导航栏“自运营”里有“主页运营”和“微淘”两个主要功能，以便作者更好地维护粉丝活跃度，增加账号收益。

1. 主页运营

主页作用在于展示账号信息、提供粉丝关注渠道与内容的集合，也可以理解为账号的“门面”。同时支持对主页进行修改，如图 7-32 所示。

2. 微淘

在阿里创作平台左侧导航栏“自运营”下的“微淘”处进入页面，如图 7-33 所示。微淘为店铺、达人等账号的粉丝回访阵地，推送到微淘的内容通过微淘内容流可展现给粉丝。

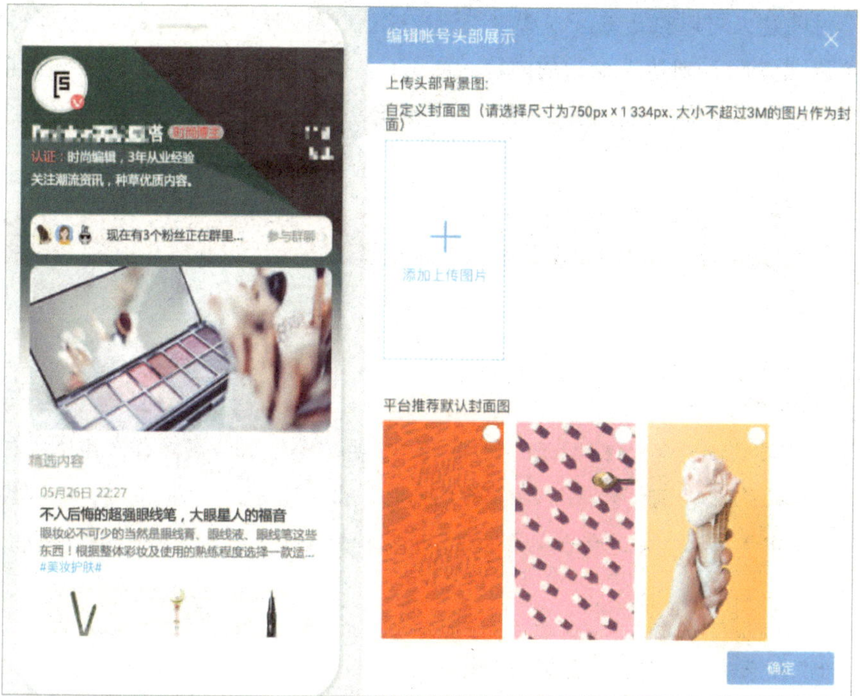

图 7-32　主页可修改

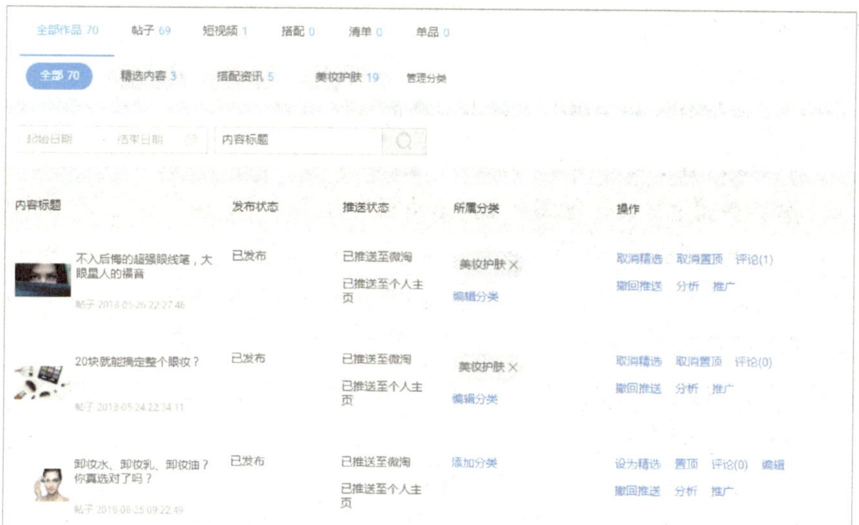

图 7-33　“微淘”页面

目前达人可以推送帖子、清单、短视频这几种内容类型到微淘，全部粉丝都可以在微淘看到达人推送的内容。因为单一用户可能关注多个达人和店铺，所以达人要保证推送到微淘的内容质量，才会被更多粉丝发现、消费。

任务四 阿里创作平台新手任务

任务引导

阿里创作平台针对新入驻平台的作者，制定新手任务帮助作者快速地熟悉平台的玩法。同时作者刚入驻平台的前期，由于没有粉丝关注账号，也达不到频道申请要求，会出现一段迷茫期，所以新手任务给作者在迷茫期中指明了方向。

1. 发布优质内容，积累账号数据

新手期主要的内容发布阵地在微淘，作者可以发布帖子、单品、清单、视频 4 种类型的内容。建议发 5 篇帖子、2 个单品、2 个清单、1 个视频，这样账号的内容健康度将达到 400 以上。

2. 积累粉丝

建议分享已发布的优质内容到自己的好友群、微博、微信、行业渠道群等地方进行传播，引导更多的用户关注账号。

3. 保持账号活跃度，每周至少产出 1 篇内容

近 7 天内容不少于 1 篇是升级 L2 的必要条件。坚持每周至少产出 1 篇内容，一方面是与自己粉丝互动；另一方面，持续发布有营养的内容能为之后申请频道打下扎实的基础。

将编辑的内容发布至活动投稿，增加内容的曝光量与账号各项数据指标。

4. 申请公域流量

做完以上 3 个新手任务后，就可以进行账号等级提升申请与入驻频道申请。若某项要求不达标时，则需要坚持产出内容，提高账号的数据指标。

任务五 阿里创作平台粉丝运营

任务引导

粉丝数是创作者进行等级提升、获取更多权益的重要标准，也是衡量一个内容创作者私域运营能力的重要指标。对于阿里创作平台的新入驻创作者来说，没有粉丝的积累，很难获得成长和平台后续的培育。

一、通过内容发布来获取粉丝

通过编辑优质的文章内容，并且在文章顶部做一张图片引导粉丝关注，侧重突出账号的优势与卖点，加深粉丝对账号的了解与关注，如图7-34所示。

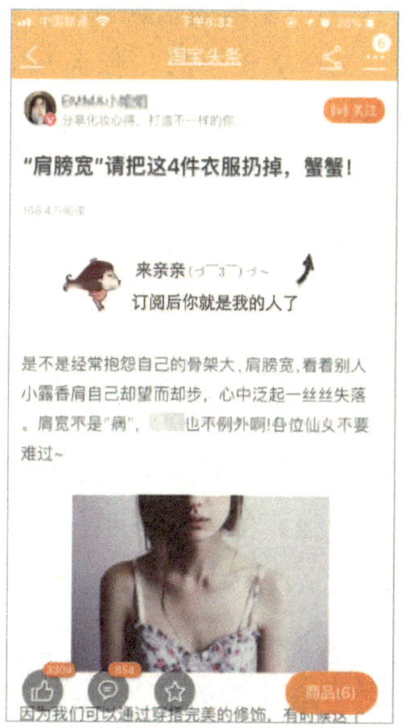

图7-34　通过内容获取粉丝

二、通过社交平台来获取粉丝

建议选择一些聚集消费者多的地方推广，千万不要选择偏向商家端的平台进行推广，因为商家端的用户基本上消费诉求是少的。尤其不要在淘宝达人论坛上推广，这个论坛上的用户基本不回访，只会形成僵尸数据。可以利用淘口令（复制链接）、长图（二维码）比较适合地进行不同方式推广。

1. 微博

微博是相对开放的平台，淘宝的链接是可以跳转过来的。淘宝达人的内容也可以直接分享到微博上。但是因为跨平台了，所以还是需要进行一些文案的润色。

2. 微信

分为微信群和朋友圈两个模块。利用淘口令和二维码，让用户进入你的手淘。

3. 今日头条等新媒体平台

可以在这些平台页面的底部设置“自营广告”来跳转到淘宝内，形成关注引导。

三、提高粉丝的活跃度

在粉丝运营中，除了日常的粉丝获取积累以外，提高粉丝活跃度也是很重要的。在后续的账号更多功能权限开通申请中，需要考核账号的粉丝回访，也就是用户成为粉丝之后，阅读其所关注的账号推送的内容。

1. 引导留言回复

在文章底部根据内容主题设置互动环节，引导粉丝参与留言和写下评论。例如：某作者（图 7-35）在文章中盘点了经典首饰，并在文末说，如果你喜欢某个剧里的款式但找不到同款，可以发给她来帮你找！Mog 提出了一个利用自己专业知识，帮粉丝解决麻烦的小建议。

某作者（图 7-36）在清单中让大家分享一下自己认为好用的洗面奶。虽然看起来普通，但是她让大家同时标明自己的肤质，这就很真诚了，同样值得借鉴。若直接说：“你在用什么，告诉我吧。”粉丝凭什么告诉你？但当你让她说出肤质的时候，诚意就被传递得透彻了一些。他们会觉得：“哦，这名 KOL 真的想让我留下回答哦！”自己的答案有可能对同肤质的人也有借鉴意义，甚至可能从评论中找到自己可以种草尝试的单品。

还有一个账号作者（图 7-37）在文末引导大家留言时，特地加粗并划重点。倒不是说加粗并划重点有多重要，但这是一种诚意的传达。你的一丁点匠心，粉丝都看得到。

2. 优秀回复奖励

用礼品的形式引导粉丝评论回复，是一个见效很快的方式。而且粉丝想办法写下优质的回复内容和答案，让评论区也能像文章一样具备可读性，如图 7-38 所示。

图 7-35　某作者（1）

图 7-36　某作者（2）

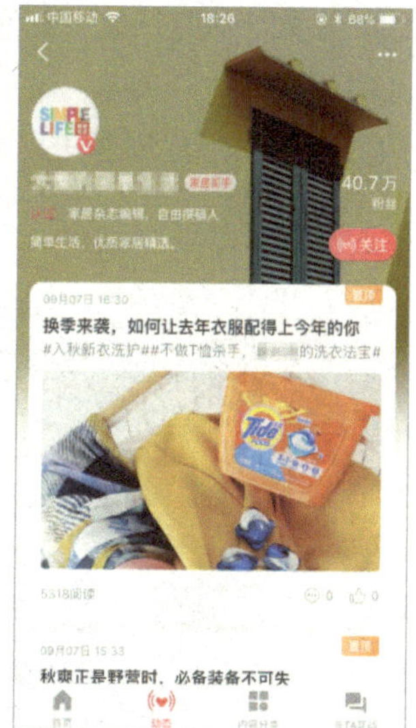

图 7-37　某作者（3）

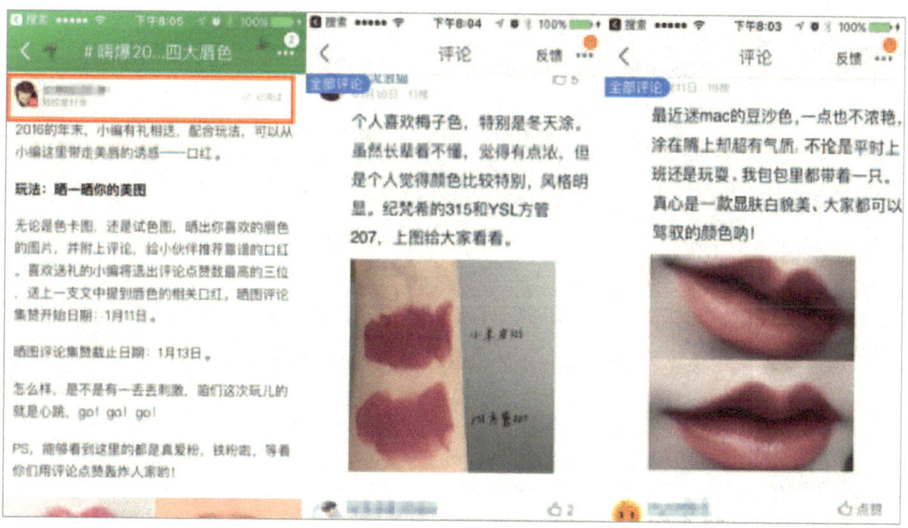

图 7-38　优秀回复奖励

3. 延展讨论——视频类的互动方式

由于视频内容类型本身的特殊性，因此在互动玩法上需要有更多针对性的探索。帖子类型的互动方式固然也可以借鉴，像达人——小世界运用的互动方式，让大家诚恳回复“红黑榜”，但毕竟视频内容阅读成本是高的，除了要有耐心有兴趣外，还要有一定的环境条件（比如流量充足、Wi-Fi 流畅）。孤注一掷的体验都在观看视频上，如果懒得看完或者根本不看，也就根本无从评论，如图 7-39 所示。

图 7-39　视频类互动方式

任务六　阿里创作平台账号等级提升

任务引导

等级是对达人的内容生产、粉丝运营等能力及表现的综合评估，提升等级可以获得对应的等级权益和运营工具，得到更多商业化和流量奖励。系统每周三会自动更新达人等级，满足对应等级要求的达人即可直接晋升。

一、账号等级划分

为了引导创作者更明确地跟着平台方向成长，平台依据创作者的粉丝价值分、内容价值分、商业价值分、领域垂直分和账号健康分等维度，设立了成长等级，分别是 L1、L2、L3、L4、L5 和 L6，作者可以依次晋级成长，如图 7-40 所示。

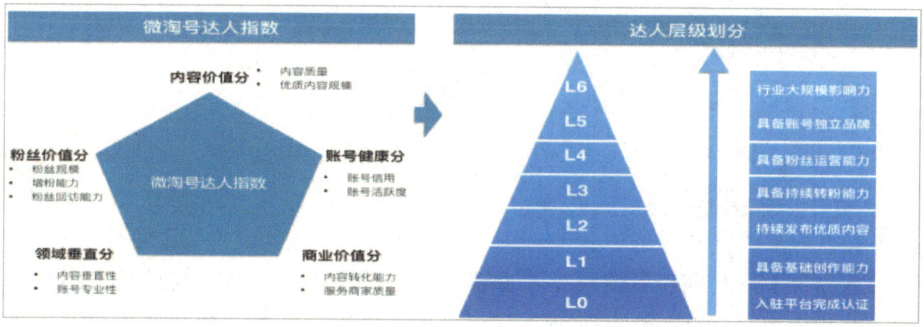

图 7-40　账号等级划分

账号默认等级为 L0 级。在后续的运营中，只要达到等级申请要求，即可以申请升级。各等级的申请标准，如表 7-1 所示。

表 7-1　各等级申请标准

达人等级	达人指数分	内容价值分	粉丝价值分
L6	800	700	750
L5	700	600	600
L4	600	500	450
L3	450	450	300
L2	350	350	200
L1	250	250	/

二、账号等级申请流程

在阿里创作平台的“首页”里的“我的等级”处进入申请页面，如图 7-41

达人满足相应等级的标准后，即可点击申请该相应的层级，申请后需要经过人工审核才能完成认证。

图 7-41　等级申请页面

三、账号等级权益

平台为了鼓励创作者持续生产并推广优质原创内容，建立自己的人格化属性，以及维护好自己的粉丝，对不同账号层级匹配了个性化的权益。权益主要从工具、商业化和流量三个方面给予个性化的赋予，助力达人在不同能力阶段更好地往上发展，不同等级所对应的权益是不同的，如图 7-42 所示。

	工具权益						商业化权益				流量权益				
层级	内容发布	个人主页	角色申请	搜索直达	群聊	内容号	阿里V任务	CPS结算	粉丝通	粉丝置顶	微淘推荐扶持	微淘账号发现	微淘话题	渠道展示	定向合作
L6	✓	✓	✓	✓	✓	✓	✓	✓	✓	✓	优先	优先	✓	优先	优先
L5	✓	✓	✓	✓	✓	✓	✓	✓	✓	✓	优先	优先	✓	优先	优先
L4	✓	✓	✓	✓	✓	✓	✓	✓	×	✓	有机会	优先	✓	优先	有机会
L3	✓	✓	✓	✓	✓	×	✓	✓	×	✓	有机会	有机会	✓	优先	有机会
L2	✓	✓	✓	✓	✓	×	✓	✓	×	✓	有机会	有机会	✓	×	×
L1	✓	✓	✓	✓	×	×	×	×	×	×	有机会	×	×	×	×
L0	✓	默认	×	×	×	×	×	×	×	×	×	×	×	×	×

图 7-42　账号等级权益

四、账号等级的提升

提升账号等级主要是优化“达人指数”“内容价值分”和“粉丝价值分”，将这三个指标优化至各个等级所要求的标准，即可提升账号等级。

1. 达人指数

微淘号达人指数是根据账号在创作平台的整体数据表现而综合计算分析得出的分数，用于判断创作者的内容创作、粉丝运营等能力。微淘号达人指数主要由内容价值分、粉丝价值分、领域专注分、商业价值分及账号健康分五个维度组成。每周三进行更新，节假日更新可能延迟。

① 微淘号达人指数如何起作用

微淘号达人指数越高，代表达人整体越优质。指数可以指导达人更有方向地进行内容创作及在阿里创作平台更好地成长。指数的高低将会影响达人晋级。作为渠道准入的门槛之一，它也影响着流量分发和账号推荐等场景。

② 提升微淘号达人指数

多发布优质内容，保持内容规模，以提升内容价值分；为粉丝生产优质内容，吸引粉丝关注、回访、互动，以提升粉丝价值分；保持内容垂直性，提升账号的专业性，以提升领域专注分；选择优质的商品，帮助粉丝、读者更好地进行购物决策，多参加V任务和商家合作，以提升商业价值分；保持达人信用良好，且维持一定的发布内容数和发布频率，以提高账号健康分。

建议作者平常多关注微淘号达人指数的变化，及时总结经验。指数变高时继续保持，指数走低时及时做出调整。

2. 内容价值分

内容价值分主要考核内容的质量及优质内容规模。其中内容质量分是大数据算法拟合计算出来的一个分值，主要从内容健康分和内容效果分两个方面综合衡量内容质量。

内容规模指的是达人近365天内发布有效内容的整体规模。请注意，不抄袭、不重复发布的优质内容才会被计算。

因此，优质的内容越多，整体内容价值分也就越高。发布低质内容或重复内容，会拉低此项分数。

① 提升内容价值分

保持内容健康度，多发布优质内容，有助于提高内容价值分。

② 提升内容价值分的技巧

图片美观：包括封面图、文内插图的清晰度、美观程度。

文案流畅、原创度高：是自己撰写的内容，无抄袭卖家标题或文案的现象；语言表达清楚，且生动、丰富、完整。

商品优质度高：是正品、是优质卖家商品；商品本身的用户口碑情况好；商品价格合理。

③ 好的内容能带来的效果

用户对内容的浏览情况好。

用户基于内容产生诸如点赞、评论、转发、收藏等互动情况。

用户对内容中推荐的商品感兴趣，内容对用户购物决策有帮助。

总之，持续发布原创的优质内容，并形成一定的有效内容规模，就可以有效提升内容价值分。

3. 粉丝价值分

粉丝价值分主要考核达人的粉丝规模及粉丝运营能力。其中粉丝规模主要考核有效粉丝数，若粉丝中有较多的垃圾粉丝、僵尸粉丝，将会降低粉丝价值分。通过刷粉而获得的粉丝将不会被计算，且达人若有严重的刷粉行为，将会被处罚，从而影响整体达人指数分。

提升粉丝价值分有以下几种方式。

① 更多有效粉丝关注：达人了解粉丝，为粉丝生产优质内容，才能吸引更多关注。

② 更多粉丝回访：用户成为粉丝之后，阅读所关注达人发布的内容，观看其发布的视频及直播。

③ 更多粉丝互动，提高粉丝的忠诚度：发布优质内容，引起粉丝点赞、收藏、分享、讨论等；多与粉丝进行互动，如积极回复粉丝评论。

任务七 阿里创作平台的变现方式

任务引导

阿里创作平台作为一个“最接近钱”的新媒体平台，在内容变现上有着很多种方式，而且账号收益也是相当可观的。目前阿里创作平台的变现方式主要有：阿里 V 任务、淘宝客 CPS 分成收入和动态推广奖励。

一、阿里 V 任务

阿里 V 任务是阿里官方任务交易平台，帮助商家解决账号作者合作需求，为阿里创作平台作者（以下简称达人）解决变现的问题。

达人可为商家提供商品、品牌的推广服务。平台目前有专业自媒体、网红、资深服装搭配师等各种类型的达人，他们会测评、会穿搭，而且有很强的个人影响力，粉丝众多，可满足服饰、美妆、美食、母婴、数码、家居户外、汽车等各行业的推广需求。

收费方式为一口价，由达人根据自身情况进行定价。达人按照商家的任务要求完成内容创作、推送到渠道，并通过任务平台完成任务交付，则视为一次任务的完结。任务完成后，商家需按照约定向达人支付任务酬劳。达人粉丝越多、粉丝越活跃，任务酬劳越高。

1. 进入阿里 V 任务

在阿里创作平台左侧导航栏“投稿”里的“活动投稿”处进入页面，如图 7-43 所示。其中阿里 V 任务的账号申请开通需要账号达到等级 L2 以上。达到开通要求后，选择账号类型，填写注册信息即可开通。

2. 设置任务报价

进入阿里 V 任务的管理后台，点击“报价设置”进入任务报价设置。达人可以自己设置任务的费用与任务内容描述，如图 7-44 所示。

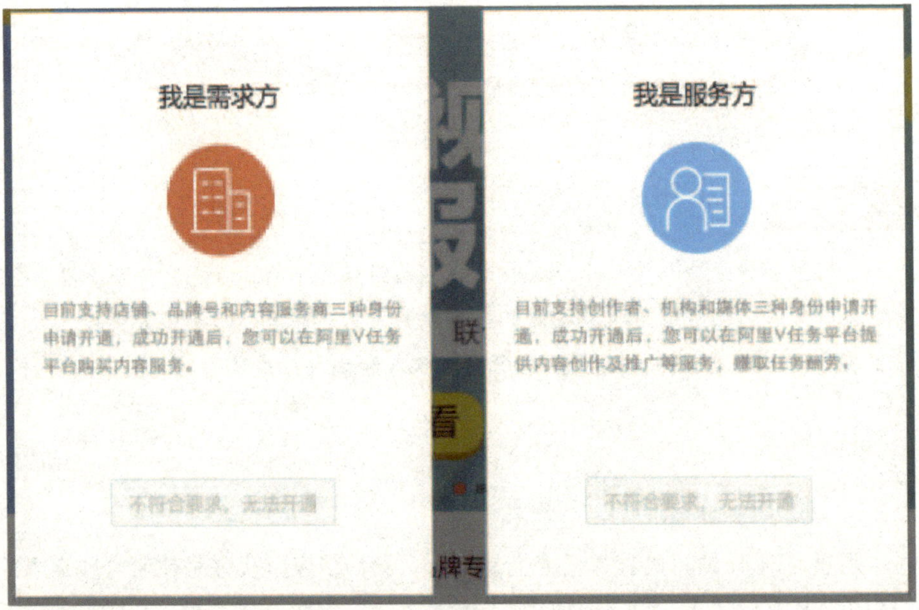

图 7-43　阿里 V 任务页面

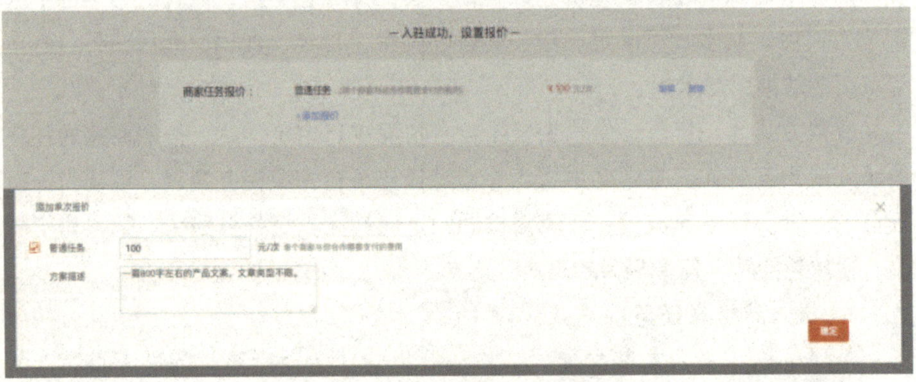

图 7-44　任务报价设置

最后报价会在商家端的阿里 V 任务界面中展示，如图 7-45 所示。

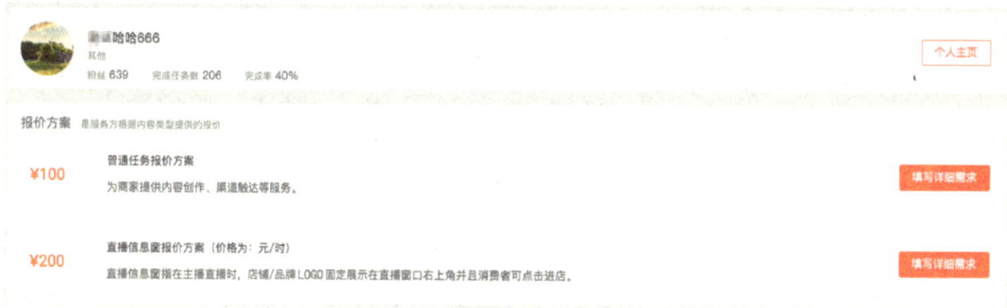

图 7-45 商家端的报价显示

二、淘宝客 CPS 分成收入

1. 淘宝达人（仅限拥有结算权限的达人）

结算分成比例会根据流量来源区分为淘宝站外流量和淘宝站内流量。

2. CPS 基础结算规则

① 拥有结算权限（包括 V2、V3、V4、V1 中有淘宝直播、淘宝短视频、淘宝头条、爱逛街等渠道投稿权限的内容创作者）且未绑定机构的内容创作者适用的规则如图 7-46 所示。

场景	分成比例			备注
私域：淘宝直播、微淘（关注动态流）、订阅号	1 阿里妈妈	3 阿里创作平台	6 内容创作者（原达人）	1. 部分淘宝公域场景是指，由淘宝定位为站内公域场景，且由阿里创作平台纳入结算体系的内容输出场景，不含特别说明排除的场景。 2. 公域场景中淘宝头条、有好货、必买清单、爱逛街、买遍全球、淘宝短视频这六大场景会以内容价值进行动态奖励推广费，本规则不适用。 3. 天猫超市下推广的内容5天内可产生淘客链接，阿里创作平台按照1:4:5的比例向内容创作者（原达人）收取推广费的4成作为平台的技术服务费。5天后不再产生新的淘客链接，但不影响淘客链接15天追踪逻辑，符合15天追踪逻辑的订单，达人仍可获得50%的分成。
部分淘宝公域场景	1 阿里妈妈	4 阿里创作平台	5 内容创作者（原达人）	

图 7-46 适用规则（1）

② 拥有结算权限（包括 V2、V3、V4、V1 中有淘宝直播、淘宝短视频、淘宝头条、爱逛街等渠道投稿权限的内容创作者）且绑定机构的内容创作者适用的规则如图 7-47 所示。

场景	分成比例			备注
私域：淘宝直播、微淘（关注动态流）、订阅号 部分淘宝公域：（范围同上）	1 阿里妈妈	2 阿里创作平台	7 机构+内容创作者（原达人）	1. 该规则仅生效于机构绑定内容创作者（原达人）成功，且该内容创作者（原达人）有结算权限。 2. 其中7的部分为机构和绑定内容创作者（原达人）收入净额之和，需按机构和其绑定内容创作者（原达人）约定、且经其明确同意后的分成比例，由系统按其授权确认方式将收入净额分发给机构和绑定的内容创作者（原达人）。

图 7-47 适用规则（2）

三、动态推广奖励

1. 动态奖励推广费计划介绍

针对六大场景（淘宝头条、有好货、必买清单、爱逛街、淘宝短视频、买遍全球），平台根据内容价值实施动态奖励计划。整体动态奖励计划包括基础佣金收入激励和动态奖励推广费激励两部分。

这六大渠道的动态奖励推广费，由平台统一的资金池（总资金池包括但不仅限于淘宝 CPS 收入部分）根据内容价值（内容质量、消费者体验、商业价值等维度综合评估），发放给内容创作者。

针对有结算权限，且可将内容输出到淘宝头条、有好货、必买清单、爱逛街、买遍全球、淘宝短视频等淘宝公域场景的内容创作者（原达人）适用的规则，如图 7-48 所示。

场景	规则	备注
重点渠道：淘宝头条、有好货、必买清单、爱逛街、买遍全球、淘宝短视频	基础佣金收入激励：阿里妈妈：淘宝：达人=1:7:2	1.创作者可获取CPS佣金中2的部分，淘宝获取CPS佣金中的7的部分，其中淘宝7中的部分将加入到各渠道动态奖励推广计划的总资金池（总资金池包括但不仅限于淘宝CPS收入部分）中，并根据各渠道动态规则发放给创作者。 2.该规则不适用于买遍全球，买遍全球商业结算规则以买遍全球另行公示的商业结算规则为准。
	动态奖励推广费激励：平台根据内容质量、消费者体验、内容带来的商业价值综合评估一条内容的价值（包括但不仅限于阅读情况、互动情况、引导种草或成交情况等），再根据内容价值分配收入，其中内容价值越高、内容越优质，内容获取的收入越高。	1.每条内容的收入从原先单一以成交为维度的佣金收入升级为基于更全面的内容价值评估体系的动态奖励推广费，内容创作者（原达人）可根据内容价值获取对应的收入，以此激励优质内容的生产。 2.拥有商家身份的内容创作者亦可参与动态奖励推广计划，系统将根据其输出到各前台场景的内容价值（不包含每条内容为内容创作者自己店铺及商品带去的价值）计算出每条内容的分值，再根据分值按内容分配收入。 3.针对拥有结算权限且绑定机构的内容创作者，动态奖励推广费净额亦由系统按照其授权确认方式将收入净额分发给机构和绑定的内容创作者（原达人）。

图 7-48 适用规则（3）

2. 获得更高的动态推广奖励

达人应该生产并推送到各前台场景的内容符合前台场景定位，是优质的、稀缺的、消费者认可的内容。六大渠道的具体规则请进入阿里创作平台查看。

项目实训

1. 注册阿里创作平台账号，编辑四种形式的内容并发布。
2. 完成阿里创作平台的新手任务，并完成活动投稿。

项目总结

本项目主要介绍阿里创作平台的后台操作与运营实战。从阿里创作平台规则介绍入手，分析了平台的内容分成渠道、账号注册与资料设置，还讲解了平台的内容创作、创意中心、频道投稿、活动投稿和粉丝自运营的后台操作，最后对平台的新手任务、粉丝运营、账号等级提升和变现方式做了深度讲解。

在运营阿里创作平台时要密切留意平台的政策调整，以及坚持长期的原创内容输出，做好这些将会收获到不菲的收益。